カール-バルトにおける神論研究

神の愛の秘義をめぐる考察

稲山聖修 [著]

キリスト新聞社

稲山聖修氏
『カール・バルトにおける神論研究
――神の愛の秘義をめぐる考察』
の刊行にあたって

日本キリスト教会牧師
田部郁彦（たべふみひこ）

　著者であります稲山聖修氏は，現在は専ら牧師として教会に仕え，伝道・牧会に携わりながら，情熱をもってバルト神学への取り組みを続けておられる気鋭の研究者です。この度，刊行される運びとなった『カール・バルトにおける神論研究――神の愛の秘義をめぐる考察』は，同氏が2014年，同志社大学に提出した博士論文です。

　さて，カール・バルトは，『十九世紀のプロテスタント神学』という美しい書物を著していますが，その中で量的にも，質的にも際立っているのがシュライエルマッハー論です。しかしバルトには，それに先だって1923/1924年の冬学期に，ゲッティンゲン大学で行われた「シュライエルマッハーの神学」についての講義をもとにして著された Die Theologie Schleiermachers. があります。バルトはこれらの著作において十九世紀プロテスタント神学全体に通じる問題点を鋭く指摘しています。それは「キリスト者であろうとすると同時に，近代的文化人でもあろうとする二重の関心事の並存という事態」であります。これをバルトは「二つの焦点をもった楕円」構造と言い表して，そのような構造をもったプロテスタント主義を「文化プロテスタント主義」として批判しています。

　バルトのシュライエルマッハーについての著作の中に見出される，近代

プロテスタント主義に対する批判には神学史の流れの中でそれなりの必然性があったことは誰もが承認するところです。しかしその批判の故に，バルトの神学思惟についての理解が一面的になったり，曲解されてしまったり，またバルトの近代プロテスタント主義との関係が歪められて理解され，バルト自身の神学思惟の展開の中に見出すことのできる近代プロテスタント主義における積極的な特質，またそこに潜む重要な課題までもが見過ごされているとなれば，それはまったく不幸なことです。

　本書において，著者の問題意識は，まずそこに向けられています。そこで著者は，我が国におけるバルト神学の受容の歴史を考察し，「バルト自らの神学思惟の展開」と「我が国におけるバルト神学の受容」との間にある乖離に着目し，従来の近代プロテスタント主義との一面的な対立図式に基づいたバルト神学への理解から，バルト神学のテキストを解き放つための方法論を探っています。そのために著者は，これまでバルト神学を論じる際に，粗雑に扱われがちであった「文化プロテスタント主義」，「自由主義」，「新プロテスタント主義」等の諸概念を再吟味し，またこれらの諸概念にまとわりついてきた「偏った見方」を取り除く試みをなしています。そのようにして，著者は一面的な対立図式から解放されて，バルトの著作を検討し，それを資料テキストとして，バルトの近代プロテスタント主義，特にそのシュライエルマッハー解釈に光を当て，バルトがシュライエルマッハーの神学思惟を，どのように解釈し，どう取り扱っているのか，またバルトがシュライエルマッハーの神学思惟を，自らの神学思惟の中に，どのように取り入れているのかを考察し，呈示することを目指しています。そして，最終的には，その検討結果から導き出された結論から，新たなバルト神学研究の方向性を模索しようとするものであります。

　しばしば，ひとりの思想家であっても取り扱う主題的内容が変わるごとに，その展開全体を支配している思惟のシェーマが変わる場合があります。バルトのような偉大な神学者の神学思想を探求するに際しても，その神学思惟を支配している思惟のシェーマが，取り扱う主題内容が変わるたびに変わっているのか，それとも一貫して変わることがないのか。バルト

がその神学思想形成の軌跡において出会った先人たちの神学思惟が，バルトの時々に取り扱っている主題的内容とその思惟のシェーマと，どのように関わっているのか，それがバルトの思惟の展開全体を支配しているものなのか，それともそうではないのか……等々。

　著者である稲山氏はこの著作をもってバルト神学研究の新たな旅を始められました。しかしながら，容易に終わりを迎えることができない旅，それが偉大な思想家の思索を辿る旅です。これから息長くバルト神学研究の旅を続けられることを期待したいと思います。御著書の刊行を心からお喜び申し上げます。

目次

稲山聖修氏『カール・バルトにおける神論研究──神の愛の秘義をめぐる考察』の刊行にあたって　　田部郁彦　3

序　日本のバルト神学受容の諸問題　9
　　──本論文の課題

第1章　『知解を求める信仰』以降のバルト神学の神認識の立場　19
　　──『教会教義学』黎明期について

　第1節　バルトの神学思惟構造の概要　20

　第2節　バルトに関する資料解釈の方法について　23

第2章　バルト神学とプロテスタント主義との関係の再吟味　41
　　──文化プロテスタント主義概念を軸として

　第1節　近代プロテスタント主義をめぐる諸概念の整理　43

　第2節　19世後半から20世紀前半におけるプロテスタント主義の変容　46

　第3節　大学におけるプロテスタント主義諸概念　57

　第4節　文化プロテスタント主義の神学史上の意義　64

　第5節　文化プロテスタント主義を軸としての近代プロテスタント主義の再吟味　71

第3章　バルト神学におけるシュライアマハー受容の再吟味　73

第1節　バルト研究者のシュライアマハー理解の課題　74

第2節　バルトのシュライアマハーへの態度　77
　　　　――シュライアマハーの神学思惟に対する「対決」理解から「再解釈」理解への転換

第3節　シュライアマハー神学とバルト神学の分水嶺としてのキリスト論　84

第4節　バルトによるシュライアマハーの再解釈　98
　　　　――「神の人間性」を中心にして
　　1.「神の人間性」概念の示す事柄　98
　　2.「神の人間性」における文化概念の特質　104

第4章　『教会教義学』「神論」における神理解　111

第1節　『知解を求める信仰』から『教会教義学』「神の言葉論」への神認識の道筋　112
　　1. バルトのアンセルムスのテキストとの出会い　112
　　2. アンセルムスによる神認識の道筋　113
　　3.「神の名」をめぐる考察　121
　　4.『教会教義学』におけるアンセルムス解釈　125

第2節　「神論」における秘義概念の役割　128
　　1. 三位一体論の秘義的性格と神論における秘義概念　128
　　2. 三位一体論の意義について　129
　　3.「三位一体ノ痕跡」をめぐる神学思惟　131
　　　　――三位一体論の根概念の強調

第3節　神の自由の秘義　135
　　　　――内在的三位一体論と御子の受肉
　　1.「試練の神論」の道筋　135
　　2. 内在的三位一体論の展開　137
　　3. 内在的三位一体論から受肉論への展開　142

第4節　神認識の鍵としての秘義概念と服従概念　153
　　　　――『教会教義学』の「神論」を軸として

1. 神認識における服従概念　　　　　　　　　　153
　　2. 類比概念について　　　　　　　　　　　　　157
　　3. 神認識と神奉仕　　　　　　　　　　　　　　161
　　4. バルトによる神奉仕の一例としての説教　　　163

結び　結論と展望　　　　　　　　　　　　　　　171
　第1節　結論　　　　　　　　　　　　　　　　　172
　第2節　課題と展望　　　　　　　　　　　　　　178

あとがき——謝辞とともに　　　　　　　　　　　　180

文献表　　　　　　　　　　　　　　　　　　　　　182
索　引　　　　　　　　　　　　　　　　　　　　　189

序

日本のバルト神学受容の諸問題

本論文の課題

わが国におけるバルト神学受容には、概して二つの窓口があったとされる。その窓口とは、高倉徳太郎及びその弟子を中心とした東京神学社による動きと、同志社における動きである[1]。従来のバルト神学受容史では、高倉に言及し、1927（昭和2）年10月初版の主著『福音的基督教』において「弁証法神学」を、宗教改革のキリスト教を指向した「聖書の宗教」を回復しようとする宗教運動との評価を指摘することが慣例となっている。しかし高倉の当該著作においては実のところバルト神学への言及は至極簡潔であり、むしろE・ブルンナーへの言及が際立つ。したがって本書の刊行をもって日本におけるバルト受容の嚆矢とするのは、やや過大であるとの評価もある[2]。

その一方でバルト神学が口頭の報告や断片的伝聞としてではなく、まとまった「文章」として議論されたケースに注目するならば、同志社における働きがより具体性を帯びていた。同志社では早くから神学の定期刊行物である『基督教研究』が刊行されてきたが、1927年11月刊行の第5巻に掲載された大塚節治のブルンナーを中心とした「弁証法神学」の紹介と魚木忠一のバルト神学への論評は、明らかに学術論文として執筆されており[3]、その意味では同志社がバルト神学の本格的受容の場として、より注目されてよいものと筆者は考える[4]。

ところで、この二つの窓口のどちらが重要であったかとの問いに関しては研究者によって判断が分かれるところであるが、筆者は、その問いにも

---

1 バルト受容史研究会編『日本におけるカール・バルト――敗戦までの諸断面』新教出版社、2009年、38頁。
2 同書39頁。
3 基督教研究會編『基督教研究』第五卷第壹號、京都同志社大學神學科内、昭和2年11月、1–52頁。
4 この点に関しては、平林孝裕が『日本におけるカール・バルト――敗戦までの諸断面』39頁で指摘している。

増してこの窓口の成立した年代に注目する。実のところ日本でのバルト神学受容の課題は，高倉と同志社の窓口に共通する「1927年」という年代に端を発するところが大きい。1927年といえばバルトが世に謂う「弁証法神学者」として活躍していた時期にあたる。確かに1920年代のバルトの講演と論文の大半は弁証法神学の機関誌である『時の間に』誌の各号に発表されていた。しかしながら，実際にはこの弁証法神学は，そのものとしては当初より組織体としては不安定な性格を内にはらんでいた。筆者はその根拠としてバルトが1964年，1922年8月にベルグリで撮影されたF・ゴーガルテン，E・トゥルナイゼン，バルトの写真を顧みつつ語る言葉を引用することができる。「われわれが——この雑誌の——刊行を決定したその日に，トゥルナイゼンとゴーガルテンと私が向かい合って座っている写真があります。私は当時大きな口ひげを蓄えており，それが私によく似合っていました。私のそばではゴーガルテンが，やはり小さな口ひげをつけていましたが，——それは19世紀から流行っていたものです。私は非常に疑わしそうな目付きで，厳しくゴーガルテンを見つめており，一方，トゥルナイゼンはおだやかな明るい表情で，われわれ二人の間にすわっています。トゥルナイゼンは，ゴーガルテンをこの雑誌のグループに入れることに大いに賛成していました。——私は，それに対して《否》を言うつもりはありませんでした。しかし，私は，本当に心からまた《然り》と言ったのでもありません。なぜなら私は，ゴーガルテンには，何かあまりよく分からないものがあるのを感じていたからです」[5]。

バルトによるこの一文に則するならば，日本において受容され「弁証法神学者」としてラベリングされたバルトのイメージとは裏腹に，バルト自らが弁証法神学を主体的に牽引した可能性は，1927年を皮切りに日本で形成されたバルト像ほどには高くはないことが分かる。確かに弁証法神学のカテゴリーにはバルト，トゥルナイゼン，ゴーガルテン，ブルンナー，

5　E・ブッシュ著，小川圭治訳『カール・バルトの生涯　1886–1968』新教出版社，第2版，1995年，207–208頁を参照した。

ブルトマンにいたるまでの名が列挙される場合もある。しかし各々の神学者の主張はいたって個性的であり，関係者はその後全く異なる道を歩んでいった。その反面，弁証法神学運動の盛んであったドイツ語圏キリスト教神学が高倉による受容と，同志社における1927年の時点での受容の道筋において，大筋としてはそのまま固定化されたまま今日まで継承された可能性は否定できない。

　神学史上定着しているこの「弁証法神学」という名称は，後のバルトの言葉によれば「あるひとりの傍観者」によってつけられた「呼称」に過ぎない[6]。その意味では，ある神学の学派の確固とした名称としての理解は難しい。むしろA・v・ハルナックのような，ヴィルヘルム帝政期にいたる期間にあって当時のドイツ帝国における地位を揺るぎないものとした神学への批判と克服の試みを集結軸とした，青年神学者の学術グループとして見なす方が，より適切な理解であると思われる。日本のバルト神学受容は，この青年神学者の学術グループをヴィルヘルム帝政期に確立した神学と同等の地位を占める「学派」としての堅固な性格を有するものとして対置し，それをステレオタイプ的に継承したまま今日にいたってしまったところに課題がある。むしろ筆者には，ステレオタイプ化したバルト神学の理解よりも，たとえば西田幾多郎の勧めによって，ドイツへ留学し，イエス・キリストのペルソナをめぐる質問を抱いていた滝沢克己に対して1933年の冬学期当時にボン大学で教壇に立っていたバルトが指摘した事柄，すなわち「それは全く一つの汎神論もしくは理想主義的哲学にすぎない，私の『ローマ書』はそういう意味で書かれたのではない。そういう誤解を避けるためには，『ローマ書』よりもむしろ最近の『教会教義学』を読むことを望みたい。何よりも聖書そのものを，出来るならば原書で読まなければならない……」[7]，また「人間が正しく神を信じることは，原理的には可能で

6　Karl Barth, *Abschied, Zwischen den Zeiten*, XI, Christian Kaiser Verlag, München, 1933, SS.536-544. カール・バルト著，吉永正義訳「訣別」『カール・バルト著作集5』新教出版社，1986年，189頁．
7　バルト受容史研究会編『日本におけるカール・バルト——敗戦までの諸断面』409頁．

あるが，事実的には不可能である」[8]との言葉に関心を寄せるのである。もちろん滝沢とて『ローマ書』を皮相的に読んだわけではない。けれどもその理解は，バルトの言わんとするところのものとは異なっていた。むしろバルトは1933年当時に自らの言わんとするところを『教会教義学』に託し，さらには自著の理解以上に，聖書の熟読をインマヌエル概念探求に没頭する滝沢に勧めていた——バルトのこの姿勢に「弁証法神学」対「自由主義神学」，「バルト神学」対「ロマン主義神学」，果ては「バルト」対「シュライアマハー」のような，一見分かりやすいがあまりにも単純すぎる二分法の図式の中でのバルト神学理解[9]を克服する鍵が隠されていると筆者には思える。「自由主義神学」においても，シュライアマハーにおいても，聖書はまさに神学全体の展望を語る上で不可欠の位置を占めてはいた。他方で滝沢にとっての聖書とは，それを用いなくても神認識が可能な書物にすぎなかった。バルトと滝沢の対話は，神学を「神の言葉の神学」として定めたバルトの姿勢について明瞭に物語る出来事であったとは言えないだろうか。

　もちろん他の諸学問と同様に，神学という学問領域においても異なる学説との衝突，また，異なる見解に一線を画するケースは当然のことながら起こり得る。学術上の討議や討論が，仮に「対決」という緊張をはらむ事態を伴ったとしても，相互の研究態度の相違を明らかにしつつ，研究活動の進展に建設的な影響を与え，結果的に各々の益となることも多い。またすでに通説となった神学への批判を行うことによって，自らの見地を明確にし，新たな神学的展望の確立を目指す姿勢は，誠実な研究の姿勢の現れでもある。逆に持論とは異なる他者の神学を，学術上の作法を無視して葬り去ることは，学問としての品位を損ね，結局は自らの学説における学問としての客観性を失わせる態度に他ならない。ある神学の進展が，そのよ

---

[8] 同書352頁。
[9] このような理解は，概してバルト神学の入門書に見られる。それゆえに，この二項対立式の理解が一般化するにいたったと筆者は考える。

うな圧力を伴うものであったとするならば，もはやその神学思惟は学問以外の何らかの政治権力に依存しなければ存続が不可能であったであろうし，さらにそれは当該神学そのものの脆弱さを露呈しているとも言える。バルト神学そのものには，そのような暴力性を見出すことは困難である。しかし——日本におけるバルト神学の受容の際にそのような問題点はなかっただろうか[10]。バルト自らの神学思惟の展開と日本のバルト神学受容の間には，そのような「ぶれ」あるいは「ずれ」のようなものがあり，それが今日にいたるまでの，一般的なバルト神学への誤解の源となっているのではないかと筆者は考える。むしろバルト神学が相対化されつつある現代だからこそ，本来のバルト神学の位相に迫れるのではないか。その考察とともに，一般には啓示概念を重視すると見なされたバルトの神学思惟における秘義概念を探究することを通じ，従来のバルト神学研究とは異なる位相からの考察が可能となるのではなかろうか。これがバルトを博士論文の主題とした筆者の意図であり，問題意識である。この問題意識に基づいて本論文は下記の構成によって成り立つ。

　第1章では，従来の対立図式に基づいたバルトの神学への理解からバルト神学のテキスト理解を解き放つための方法論を探る。すなわちパネンベルクによるバルト批評とバルタザールによるバルト神学研究を比較し，本論文における研究方法を論じる。

　第2章では，バルト神学を論じる際，ともすれば粗雑に扱われがちな「文化プロテスタント主義」，「自由主義神学」，「新プロテスタント主義」等の概念を再吟味し，バルト神学研究の際，これらの諸概念にまとわりついてきた偏った見方を取り除くことを目的とする。この吟味に際してはF・W・グラーフの論文を用いる[11]。また，時代背景の吟味については深井智朗

10　バルト受容史研究会編『日本におけるカール・バルト——敗戦までの諸断面』450–479頁において，雨宮栄一，佐藤司郎，森岡巌，寺園喜基，小川圭治が，「総括討論 日本の神学とバルト受容の諸問題」と題して，バルト神学受容に関して問題提起をしている。

11　Friedrich Willhelm Graf, *Kulturprotestantismus zur Begriffgeschichte einer theologischen*

著『十九世紀のドイツ・プロテスタンティズム――ヴィルヘルム帝政期における神学の社会的機能についての研究』(教文館, 2009年)を参照する。深井が, 著書の中で肯定的に評価しながら引用するグラーフは, RGG第4版の執筆も担当している。グラーフのバルトに関する見解は, ナチ政権期のプロテスタント主義神学を研究の主たる対象としたH・E・テートの著書[12]とは異なる。その差異は, その資料を扱う手法に源を有する。例えば, テートの著作の場合は, 著作の中で第二次世界大戦での自らの経験も論じ, 資料への実存的かつ神学者各々の内面に立ち入ったアプローチを特徴の一つとしている。また, テートはグラーフにおけるバルトと神学的自由主義をめぐる理解にも批判的である[13]。一方でグラーフの場合は, あくまで文献学的な手法のみに基づいて資料を取り扱っている。筆者は資料の客観性をより重視するという観点に基づき, 敢えてテートとは異なる方法論と見解を参照しつつ, 諸概念の考察に用いることとする。

　第3章では, 一般には, バルトが「対決」してきたと称されるシュライアマハーに対するバルトの真意を探り, 最も濃厚な影響の一例を『教会教義学』を視野に入れながら, バルト自らの諸々の著作を用いて考察を試みる。この際に筆者が参考とする方法論は, W・グロールが著作 *Ernst Troeltsch und Karl Barth: Kontinuität im Widerspruch*[14]において, バルトとE・トレルチの神学思惟の連続性を指摘する際の手法である。訳者の西谷幸介によれば, グロールは当該著作において両者の関連を探るために歴史神学的であると同時に組織神学的な方法を設定する。その際重要な役割を果た

Chiffre. F・W・グラーフ著, 深井智朗・安酸敏眞訳『トレルチと文化プロテスタンティズム』聖学院大学出版会, 2001年。

12　Heinz Eduard Tödt, *Komplizen, Opfer und Gegner des Hitlerregimes*, Chr. Kaiser/Gütersloher Verlagshaus, Gütersloh, 1997. H・E・テート著, 宮田光雄・佐藤司郎・山崎和明訳『ヒトラー政権の共犯者, 犠牲者, 反対者――《第三帝国》におけるプロテスタント神学と教会の《内面史》のために』創文社, 2004年。

13　同書177頁。

14　Wilfred Groll, *Ernst Troeltsch und Karl Barth: Kontinuität im Widerspruch*, München, Chr. Kaiser Verlag, 1976. W・グロール著, 西谷幸介訳『トレルチとバルト　対立における連続』教文館, 1991年。

すのが，バルトのトレルチからの幾つかの引用をめぐる文献学的分析であり，西谷はこれを「みごとな仕事」と評している[15]。

　第4章では，第3章での考察を通し，バルトがシュライアマハーの神学思惟において聖霊論を看取していた可能性を踏まえ，本論文の主題の土台をなす『教会教義学』の「神論」を扱う。具体的には第1章を踏まえた上で，後期バルト神学おける「神論」を視野に入れ『知解を求める信仰』から『教会教義学』にいたるまでの後期バルト神学の揺籃期を考察する。「神論」をテキストとして選んだ理由は，後期バルト神学の方法論に一定の方向性を示しながら，ナチ勢力による欧州の席捲という緊張に満ちた政治状況下において，なおも自らの神学の一層の展開を目指すバルトの神学の勢いを看取できる点に存する。さらには「神論」執筆にいたるまでのバルトの神学思惟の発展を考察することにより『教会教義学』の「創造論」および「和解論」の執筆に向けて，バルトが19世紀の神学の豊かさを存分に吸収した事実を確かめることができる。この際筆者は，啓示概念とならびバルト神学にとって重要な秘義概念に注目し，この概念を常に視野に入れて，三位一体論と受肉論をめぐる神学思惟について考察する。なぜならバルトの神論をめぐる神学思惟においては秘義概念が神の愛概念と深く関わっているからである。本論文の構成上この章が果たす役割とは，シュライアマハーの神学の解釈の可能性としての聖霊論と，バルトの秘義概念とが深く関係していた可能性を論じる点にある。そしてこの可能性をより確実に把握するため，バルトの講演『神の人間性』を考察する。さらに「神論」をめぐるバルトの神学思惟の結実の一例として，スイスのバーゼル・ミュンスター教会で行った礼拝説教を用い，バルトが秘義概念，そして秘義概念に連なる重要な「神の隠れ」概念をめぐり，いかなる表現を用いて会衆に伝えたかを検証し，『教会教義学』では未完のままにされた聖霊論が，実は説教にも反映されている点を指摘する。

　むすびでは，第1章から第4章までの考察の結果得た結論として，バル

15　同書261頁。

トの秘義概念に根差した内在的三位一体論において構想された「神論」が，未完の聖霊論を暗示しながら，神認識の際に用いられる手法をも含めて，創造主なる神と被造物である人間との関係を定立する点を述べる。そして創造主なる神が，被造物である人間によって構築された境界を越えていくエキュメニカルな神学思惟をバルトが構想していた点を指摘する。この構想に基づく視点が，欧州の諸教会を国民国家の制約から解き放つとともに，その宣教活動に国家権力の行使の正当性を客観的に検証する視点をもたらしたと論じる。その後に，本論文が抱える課題と今後の研究の展望について述べる。

ところで本論文ではバルトの著書『知解を求める信仰』の書誌タイトルを除きラテン語の翻訳についてはカタカナ表記を行いドイツ語の翻訳とは区別した。『教会教義学』との関連で神論ほか教義学各論を表記する場合には「　」をつけ，より広範な意味連関の場合には「　」なしで記してある。文脈上明らかにバルトの著作であると判断できる場合にも「　」を外している。またバルトが引用するヘブライ語聖書の文言については，バルトの表記のままラテン文字アルファベットを用いた。その背景にはバルトが著書を執筆した当時ヘブライ文字のタイプライターや活字は欧州では一般的ではなかった旨，読者にはご理解を請う次第である。なおヘブライ語聖書に関しては本論文では原則として「旧約聖書」と表記する。

第1章

『知解を求める信仰』以降のバルト神学の神認識の立場

『教会教義学』黎明期について

■ 第1節　バルトの神学思惟構造の概要

　バルト神学の研究の際に踏まえなければならない事柄は，膨大な著作・書簡などの資料整理と並んで，バルトの神学は歴史的コンテキストからの影響を受けながらも，必ずしもその歴史的コンテキストへは還元されない強靭な思惟に基づいている点，そしてその神学思惟の構造が必ずしも完結した体系からは成り立っていない点に存する。バルト神学の学問性については，すでに『教会教義学』出版以前，1922年の『ローマ書』第2版出版後，1923年から1924年にかけて出版された神学定期刊行物『キリスト教世界（*Die Christliche Welt*）』上でハルナックから質問が呈せられている。この公開質問は次第に誌上公開討論の体をなすまでとなり，ハルナックはバルトの姿勢を次のように批判した。

　「あなたはこう言われます。『神学の課題は説教の課題と一つである』と。私は次のようにお答えしたい，神学の課題は学問一般の課題と一つである，しかし説教の課題はキリストの証人としてのキリスト者の課題を純粋に提示することである，と。あなたは神学の講座（der theologische Lehrstuhl）を説教座（ein Predigtstuhl）に変えられます」[1]。

　ハルナックは『ローマ書』におけるバルトの啓示概念を視野に入れてバルトの神学を批判するのであるが，引用したハルナックの指摘は，1920年代から『教会教義学』執筆開始時にいたるバルト神学の一面を決して見逃してはいない点に注目すべきであろう。ハルナックがこの文書の作成にあたり重視した事柄とは，その時代の大学における諸学問であり，この観点からすれば『ローマ書』で用いられた文体や手法は，ハルナックの活動が絶頂期を迎えたドイツ帝国全盛期を舞台とした学際的神学からは全くか

1　Karl Barth, *Ein Briefewechsel mit Adolf von Harnack, Theologische Fragen und Antworten*, Gesammelte Vorträge, Dritter Band, Evangelischer Verlag AG, Zollokon, 1957, S.14. カール・バルト著，水垣渉訳「アドルフ・フォン・ハルナックとの往復書簡」『カール・バルト著作集1』新教出版社，1968年，205頁。

第1章　『知解を求める信仰』以降のバルト神学の神認識の立場　　　21

け離れている。その限りハルナックの立場からすれば、その指摘は間違ってはいない。むしろ引用したハルナックの見解が生じる事態は、ハルナックとバルトとの神学思惟の立脚点の相違からすれば当然である。なぜならば、バルトの場合『教会教義学』序説の要約命題で明らかなように「神学」という言辞で理解される領域は、ハルナックの活躍したヴィルヘルム帝政期にいたるまでの教育研究機関としての大学にではなく、第一次世界大戦の敗戦に伴うヴィルヘルム帝政崩壊期以降の「キリスト教会」に属する機能として理解されているからである。

　ただしバルトは、神学もまた神学以外の学問に共通している他の諸学問との「連帯責任（Solidarität）」を担う点を決して否定しない。その点において神学は他の諸学問と何ら変わらない「世俗的営為」としての性格を有する[2]。バルトはこの枠組みを確認した上で、アリストテレス的伝統にその源泉を有する一般的学問概念には、必ずしも拘束されないキリスト教神学を独自の立脚点を有する学問として構想しようと試みる。バルトはこの概念を踏まえ、教義学を、「神についてのキリスト教的語りの正しい内容（der rechte Inhalt christlicher Rede von Gott）」の認識を前提として、その語りのキリストへの相応しさ（Christusgemäßheit）を問わなければならないものとし、さらに最高度に決着を見たとしても、なお未決に留まる会得（Aneignung）として規定する[3]。『教会教義学』第Ⅰ巻の執筆時点におけるバルトの主たる関心事が、神についてのキリスト教的語りの正しい内容に存する点に基づくならば、バルトの神学思惟の考察に際し一定の展望が付与

2　Karl Barth, *Die Kirchliche Dogmatik, Die Lehre vom Wort Gottes, Prolegomena zur Kirchlichen Dogmatik, Ersterteil, Einleitung, Das Wort Gottes als Kriterium der Dogmatik*, Studienausgabe 1, Theologischer Verlag Zürich, 1986, SS.9-10. カール・バルト著、吉永正義訳「神の言葉I/1」『教会教義学』新教出版社、1995年、20-21頁。以下、*Die Kirchliche Dogmatik* はKDと略す。原書に関する場合、第1巻の場合はI、第1分冊の場合は1と表記し、間にスラッシュを入れる。邦訳の場合は、原則として邦訳そのままのタイトル表記を踏襲する。

3　Vgl. KD I/1, SS.12-13. カール・バルト著、吉永正義訳「神の言葉I/1　序説／教義学の規準としての神の言葉」『教会教義学』26-27頁を参照した。

される。

とは言え、どのような特徴や特質を有する神学であろうと、その論述の際にはなにがしかの秩序に則さなければ、学としての性格を喪失することは免れないのではないのか。断片的なアフォリズムは、神学よりも詩あるいは文学に属するのであり、学としての神学と呼び難い。『教会教義学』を例にあげるならば、この問いは、教義学が神の言葉の内容の展開と記述とを、体系（System）の形式で遂行しなければならないかどうかとの問いと深く関係する[4]。バルトは体系概念を、ある特定の根本的見方の前提のもとで、特定の認識源泉と特定の公理を用いつつ打ち立てられ、それ自体でまとまって完結した、原則的命題と演繹的命題を組み合わせた連合体（ein unter Voraussetzung einer bestimmten Grundanschauung mit Benützung bestimmter Erkenntnisquellen und bestimmter Axiome aufgebauter, in sich abgeschlossener und vollständiger Zusammenhang von Grundsätzen und Folgesätzen）と規定する[5]。しかしバルトにとって研究としての教義学は「最高度に決着を見たとしても、なおも未決に留まる会得」であるから、教義学の展開に際して、バルトが理解するところの体系概念を用いたとするならば、バルト自らは方法論について自己矛盾をきたすこととなる。このため、バルトは体系概念に代わって「円環」概念を用いて自らの神学思惟の構造を説明する。これをバルトは、積極的な表現を用いて言い換え、それらすべては次のこと——神の言葉の内容の展開と記述は、原則的に、教義学と教会の宣教の中心および基礎として、（その円周は、そこから教義学の中で、少しばかりすべての側に向かって、限定された数の線を引き延ばしてゆくための基盤を形作っている、ひとつの円として）、理解されるような仕方で、遂行されなければならないであろうこと——を意味していると論じる[6]。

4　KD I/2, S.963. カール・バルト著、吉永正義訳「神の言葉II/4　教会の宣教」『教会教義学』新教出版社、1977年、223頁。
5　Idem. 同書223–224頁。
6　Ibid., S.972. 同書238頁。

バルトはこの円環的秩序の中で，広義においては教義学の方法を，イエス・キリストの中で起きた和解の認識を展開し，表示し，このわずかに制限された意味で，キリスト論でなければならず，しかし，すべてそのほかの認識の要素を，実際には自主独立的ではないものとして，このひとつの出来事についての報告に従属（unterordnen）させ，編み入れる（einordnen）として規定する[7]。バルトはこの規定を前提にして「神の言葉論」，「神論」，「創造論」，「和解論」，「救済論」との順序に則して『教会教義学』全体を構想する。バルトに則するならばこの円環の全線において，神についてのキリスト教的思惟と語りに関心が注がれることになる[8]。その結果，『教会教義学』で用いられるバルトの文体も，この関心に沿ったものとなる。ただしこの「円環的秩序」が無時間的に，あるいは非歴史的に把握されるならば，すでに述べたように神学思惟をめぐりバルトが体系的に論述する場合と本質としては何ら変わらないものとなるのではないだろうか。この問いは筆者が『教会教義学』を考察する際の方法論を考慮する際に抱いた第一の疑問である。この問いをめぐる考察については後述する。

■第2節　バルトに関する資料解釈の方法について

　筆者は，バルトの神学思惟に関する資料理解の方法を論じる際に，W・パネンベルクによるバルト解釈を念頭に置き，彼のバルト解釈を整理し，その特質と課題を検証しなければならないと考えた。なぜならば，トレルチの系譜を継承するミュンヘンの学統に連なる神学者として，パネンベルクの学術的貢献には多大なものがあるからである。さて，パネンベルクの

---

[7]　Vgl. KD I/2, S.974. 同書242頁を参照した。
[8]　この規定に立ち，近年ではバルト神学の特徴を，いわゆる「物語の神学」の系譜に位置づけようとする試みもなされた。このような試みの一例としては，すでに1985年にD・フォードが取り組んでいた。Vgl. David Ford, *Barth and God's Story, Biblical Narrative and the Theological Method of Karl Barth in the Church Dogmatics*, Verlag Peter Lang GmbH, Frankfurt am Main, 1985.

著書『ドイツにおける近代神学の問題史』は，個別論文としての詳細さを あえて重視せずに，著者自らの意見を率直に論じている点で異彩を放って いる[9]。パネンベルクは当該著作の序文で，弁証法神学と，その解消の過程 と結びついた諸問題は，バルトと思弁神学との，より緊密な結びつきを究 明する契機となる。この究明は，バルトによって神学上の討議に提起され た課題としての，啓示における神の主権性（Souveränität Gottes）を視野に 入れる。さらにはヘーゲルの宗教哲学と，その宗教哲学と結びついた思弁 神学において，この主張はすでに提唱されていたと指摘する[10]。パネンベ ルクによるこの指摘には，彼のバルト理解の特質が認められると筆者は理 解する。以下にパネンベルクの思弁神学を扱ったテキストを検討する。

　パネンベルクに則するならば，バルトに深く影響を与えた思弁神学者と はI・A・ドルナーである[11]。バルトによる著書『キリスト教教義学序説』[12]と 『十九世紀のプロテスタント神学』[13]に従えば，ドルナーは，P・メランヒト

9　Wolfhart Pannenberg, *Problemgeschichte der neueren evangelischen Theologie in Deutschland: Von Schleiermacher bis zu Barth und Tillich,* Vandenhoeck & Ruprecht in Göttingen, 1997. 以下，本論文脚注では便宜上PTDと略して表記する。なお，この著作に関しては 邦訳が存しない。したがって，筆者の私訳によって，必要と思われる箇所を，適宜 引用する。
10　Vgl. PTD, S.6.
11　バルトは，ドルナーの略歴として，『十九世紀のプロテスタント神学』の中で，彼が ヴュルテンベルク地方の出身であり，1834年にはD・F・シュトラウスと同時期に テュービンゲン大学の学寮の受験準備講習の講師となり，1838年にはテュービン ゲン大学の員外教授となり，1839年にはキール大学の，1844年にはケーニヒスベル ク大学の，1847年にはボン大学の，1853年にはゲッティンゲン大学の，そして1962 年にはベルリン大学の正教授となり，1884年に逝去した生涯を論じる。さらに，バ ルトは，ドルナーが，神学教師の職務を多様な仕方で，最終的にはプロイセンの領 邦教会宗務総局員として，教会指導の職務と結びつけた歩みにいたるまで触れた。 カール・バルト著，安酸俊眞・佐藤貴史・濱崎雅孝訳『十九世紀のプロテスタント神 学　下　第二部　歴史』『カール・バルト著作集13』新教出版社，2007年，236頁。
12　Karl Barth, *Die christliche Dogmatik im Entwurf,* 1927, S.107.
13　Karl Barth, *Die protestantische Theologie im 19. Jahrhundert: Ihre Vorgeschichte und ihre Geschichte,* Dritte Auflage, Evangelischer Verlag AG, Zürich, 1960, S.375. カール・バルト 著，安酸敏眞・佐藤貴史・濱崎雅孝訳『十九世紀のプロテスタント神学　下　第二 部　歴史』『カール・バルト著作集13』38頁。

ンのもとで早々と三位一体論が等閑視されたまま敬虔主義と合理主義を経てシュライアマハーにいたるプロテスタント主義神学の道筋を指摘できた，近代の数少ない神学者であった[14]。その上でパネンベルクは，バルトに先行してドルナーがすでに内在的三位一体論（immanente Trinitätslehre）思想の重要性を論じていたと指摘した。この内在的三位一体論をめぐる思想がなければ，福音主義的な意味での義認の原理は全く主張されることはあり得ない，とパネンベルクは考える。その理由は，ドルナーは，義認の信仰が，まさに神の主権性に依存していると明言するからである[15]。

　パネンベルクによるこの主張に誤りはないだろうか。ドルナーの著書『キリスト教信仰論の構造』[16]からパネンベルクが引用した箇所では，神の主権性概念は直接そのままの言辞としては見出されない。ただし，神の内的本質（das innere Wesen Gottes）[17]，内在的ないし本質的な三位一体性（die immanente oder Wesenstrinität）[18]，神の存在様式（Seinsweise Gottes）[19]といった，後に『教会教義学』を中心に散見されるバルトの神学概念が数多く用いられている。これらの諸概念は『キリスト教信仰論の構造』の31項「聖なる三位一体性に関する教説の実定的論述（Positive Darstellung der Lehre von der heiligen Dreieinigkeit）」[20]，および32項「諸々の神的本性と属性との関係の中での絶対的ペルソナ性（Die absolute Persönlichkeit in ihrem Verhältniss zu den göttlichen Hypostasen und Eigenschaften）」において論じら

14　PTD, S.249.
15　Idem.
16　Isaak Augst Dorner, *System der christlichen Glaubenslehre*, Erster Band, W. Herz, Berlin, 1879. 本論文では，便宜上SCGと略する。なお，パネンベルクは1886年に出版された第2版を使用。筆者が用いるSCGは，Internet Archive; Free Download, https://archive.org/details/systemderchrist00dorngoogのRead Onlineによる1879年出版の第1版を資料として用いた。2009年10月28日午後10時と2014年3月10日午前9時3分に取得。
17　SCG, S.396.
18　Idem.
19　Idem.
20　Ibid., S.395.

れる[21]。ドルナーによる31項の要約命題に則するならば，神の属性に関する教説は神の三位一体性における一層深い神的真理に帰する。ドルナーには，神性とは，現実的かつ絶対的な根源的生，根源的知見，根源的善を基礎づけ意識しつつ，存在させるために存する。これらは神が三位一体的であることを通してのみ，そのものとして永遠に区別できることを示す。神は全ての属性において三位一体的に存するように，神の属性も三位一体性を通じて調和しつつ単一性に帰する。そして汎神論や理神論を退け，超越性と内在性の統一を可能とする。神より発し神自らへといたる，神の永遠の自己識別につながる本筋とは，絶対的な神的ペルソナ性のしくみ（Organ）である。それゆえにまさしく三位一体的神や，絶対的人格性の保証を否定する者は人格的な神ばかりを考えるのである。このようにドルナーの神学思惟を考察した結果，神の内的本質概念，内在的かつ本質的な三位一体性概念，そして神の存在様式概念を次の関係において整理する。第一に神の内的本質概念は，内在的かつ本質的な三位一体性概念とともに「神の深みに（βάθη τοῦ θεοῦ）」属する。この神の深み概念とはコリントの信徒への手紙Ⅰの2章10節に見出される[22]。この概念を踏まえ，あらためてパネンベルクの著作を辿るならば，ドルナー自らは直接には論述していない神の主権性を前提として，パネンベルクの言及したドルナーにおける義認の信仰が，キリスト教の神概念に関する確たる根拠を有することとなる。そして感じることや知ること，あるいは主観的な意識の中でのみ進展する誤った自律的ないし自主独立的なあり方の回避が可能となる。またこの見解に基づくならば，人間の人格性とは，客観的かつ絶対的な基礎付けを三位一体としての神の中でのみ獲得できるとの解釈が，パネンベルクのテキストに則して開かれる。さらにドルナーは，バルトが「神論」の中で扱った神の単一性概念に関わる，神の三つの存在様式（drei Seinsweisen Gottes）を，神の属性としてのペルソナ性において，消滅せず，永遠に持

21　Ibid., S.430.
22　Vgl. PTD, S.396. ドルナー自身は2章11節として表記している。

続する（die in ihrem Produkte, der göttlichen Persönlichkeit, nicht verlöschen, sondern ewig fortdauern）と規定している。この規定はバルトに先んじている。その意味ではパネンベルクの主張は本論文で用いたテキストに限り妥当する[23]。

パネンベルクはこの論述を踏まえ，ドルナーとバルトの神学思惟の間に存する類似性を強調する。しかしその一方では，批判の矛先を三位一体論の根（Wurzel der Trinitätslehre）概念に向け[24]，バルトの三位一体論を批判する。パネンベルクに則するならば，バルトは三位一体の神に存する単一性をドルナーと関連付けて唯一思惟された，そして意志された自己の単一性として暗黙裡に理解した。パネンベルクの理解に従うならば，この自己とは存在様式，およびこの様式の相関（Korrelation）の三位一体性の結実として把握される。他方でこの単一性は，三位一体論の根として表示される。パネンベルクは，この概念が神自らの中に存する限り啓示の出来事における神ノ語リノペルソナ（Dei loquientis Persona）であるとして理解する[25]。ただしパネンベルクは，バルトの三位一体論の根概念の目的が不明瞭であると強く主張する。この疑問はパネンベルクには神理解に関する問いをめぐり決定的である。すなわち彼は父，御子，聖霊の三位一体的関係を土台とした永遠の単一性とは異なるところで三位一体論の根概念が使われ，この概念が事実上は神の単一性とは無縁の何か（etwas）を示すのではないかとの問題を提起する。筆者にはパネンベルクがこの疑問を土台として，バルトが三位一体論を用いて神を主体とする思想を規定し，さらには展開している点をあえて際立たせ，バルトをして思弁神学の伝統に立つと見なして

---

23 PTD, S.250, SCG, S.431. ただし，バルトは，「ペルソナ」という神学概念について，三位一体論をめぐる理解に関して誤解を招くという理由から，『教会教義学』の中では，その使用を極力避けている。Vgl. KD I/2, SS.379–381. カール・バルト著，吉永正義訳「神の言葉I/2　神の啓示〈上〉三位一体の神」『教会教義学』新教出版社，1995年，123–127頁を参照した。

24 Idem.

25 原文がラテン語表記の場合，訳文はカタカナ表記とする。

いるように看取される[26]。

　筆者は，このパネンベルクの主張がその根拠において曖昧であると考え，その上で次の視点を考慮しつつパネンベルクのバルト理解の特質を考察する。この考察のポイントとなる事柄とは二点である。すなわち，まずはパネンベルクによるバルトの三位一体論の根概念をめぐる理解，次にはバルトが思弁神学の伝統に立つとのパネンベルクの理解である。

　バルトが『教会教義学』第Ⅰ巻「神の言葉論」において，啓示そのものを三位一体論の根と称する場合には以下の二点を言い表そうとしている。第一には，神の三位一体についての諸命題が啓示それ自体と直接的には同一ではないという点である[27]。三位一体論とは，啓示をめぐる問いの結果生じた諸命題についての分析（Analyse）であり，あくまでも命題としての三位一体論の対象たる啓示について，教会が理解した事柄を論じている点に留まる。このゆえに三位一体論のテキストは，バルトが啓示について証言していると規定した聖書テキストに由来する諸概念を含む。ただし三位一体論のテキストは，啓示それ自体と直接的には同一ではない。また同様に，聖書の一部としても決して見なされない。その理由とは，バルトが三位一体論の根概念を用いて教会と神学とが常に意識しなければならない，啓示それ自体に対する距離（Abstand）を示すとともに，聖書に対する距離をも表わすと論じる点に存する[28]。第二には，前述の事柄とは矛盾しているかのように見えるが，実のところ神の三位一体についての諸命題は，啓示それ自体と間接的には同じであるところである[29]。

　以上の事柄を，神学思惟の展開の際に啓示それ自体と聖書テキストの丹念な釈義を重視したバルト自らの神学コンテキストに依拠して述べるならば，バルトは三位一体論に，この根概念を用いて啓示と聖書とを際立たせ

26　Idem.
27　KD I/2, S.324. カール・バルト著，吉永正義訳『神の言葉I/2　神の啓示〈上〉三位一体の神』『教会教義学』28頁。
28　Ibid., S.325. 同書28頁。
29　Ibid., SS.326–327. 同書30–31頁。

ることを目的とした，翻訳かつ釈義（übersetzen und exegesieren）[30]という役割を与えていると見なしうる。この論述を踏まえつつバルトの用いた三位一体論の根概念を考えるならば，ここにはパネンベルクの考える，そのものとして単独的に解釈可能な意味は何ら存してはいない。

　以上の考察に基づき，筆者は，三位一体論の根概念があくまでも啓示それ自体と啓示を解釈する教会との距離と関係，さらに神学思惟の担い手との距離と関係を示すと理解する。筆者はこの理解に加えて，バルトがこの根概念に，啓示それ自体との距離と関係をめぐり，そのものとしては知覚が不可能でありながらも神学の対象との絆を解明する上で是非とも考慮しなければならない，啓示に存する秘義（Geheimnis）としての重要な特質を示す役割を備えたと理解する。このゆえに根概念は，三位一体論をめぐる理解を決して不可知論には導かない。

　筆者は，以上を理由としてこの根概念を用いたバルトの三位一体論をめぐる論述が，充分理にかなっていると見なす。反対に，もし三位一体論を含むキリスト教の教義が啓示の出来事との関係から遊離するならば，人間の行為としての神学思惟は，この関係に由来するユニークな特質を捨象してしまうと憂慮する。

　それではパネンベルクが著書の中では扱わなかった，三位一体論をめぐるバルト神学の特質とは何であろうか。筆者は，この特質についてバルトが三位一体論の役割として神の啓示の解釈を問いつつ，その解釈が啓示それ自体に直ちに戻るよう指し示すとの前提で固有の意味を含むと主張している点に注目する。なぜならバルトによるこの指摘は，バルトの『教会教義学』を含む資料解釈の道筋と深く関わると考えられるからである。

　バルトに則するならば，三位一体論は啓示の中で自らを人間による認識の対象とした神の出来事が神自らに由来することを明らかにするだけでなく，同時に，誰が神であるかという事柄をも明示する[31]。三位一体論をめ

30　Ibid., S.325. 同書28頁。
31　Ibid., S.401. 同書160–161頁。

ぐるバルトの洞察とは，バルト神学を学問として確立させる原理である。すなわちすでに述べた，神についてのキリスト教的思惟と語りをめぐる円環運動においては，教会の宣教が三位一体論の意義の解明をめぐって展開される諸命題を通して，父，御子，聖霊を頂点とする正三角形と内接する円に則して展開しているか否かを継続して問うことこそが，神学に課せられた役割として最高度に重要な結果であり，かつ前提である。したがってバルトが体系概念に代わって円環概念を用いて神学思惟構造を説明する場合，その思惟を図式化するならば，幾何学的にはカタツムリの殻状の形姿を描きつつ内から外へと進展し，時間上はさながらフーガの技法を用いた楽曲のように[32]，同一の構造の旋律が繰り返されながらも，異なった様相を呈しながら不可逆に展開される。この神学思惟は，バルトの理解する，体系的な諸々の保証を確かめながら，この保証を問いに付す機能を有する[33]。このゆえに，バルトが体系概念に代わって提唱する神学の円環的秩序とは，無時間的にも非歴史的にも把握されず，単なる形而上学的構造としての円環や輪廻を意味しない。バルトはこの枠組みに立ち『教会教義学』において「神の言葉の三形態」が啓示としてのイエス・キリスト，聖書，教会の宣教であると理解した上で，教義学に教会の宣教が啓示の出来事としての神の言葉と一致しているかどうかを問う役割を与えた。この役割を担う教義学は，人間の能力や資質に基づいたわざとしては決して完結せず，神自らが備えた時間と道筋とにおいてのみ完成する終末論的特質を有する。このゆえに人間の営みとしての神についてのキリスト教的思惟と語りをめぐる吟味も，教義学と同じく終末論的特質を帯びることは当然であ

---

32 バルトがモーツァルトの愛好家であったことはよく知られているが，その影響は『教会教義学』の構成にも及んでいるのではないだろうかと，筆者は推測する。もっとも，この推測の論証は，本論文の趣旨から外れ，また，現時点での筆者の力量では困難なため行わない。ただし，奇妙なことに，バルトは，著書『十九世紀のプロテスタント神学』において，プロテスタント主義神学とは直接には何の関係も無いはずのモーツァルトの挿絵を掲載している。

33 Ibid., S.971. カール・バルト著，吉永正義訳「神の言葉II/4　教会の宣教」『教会教義学』新教出版社，1977年，237頁。

る[34]。

　次に筆者は，パネンベルクのバルト理解への批判的考察を契機とした，バルトの神学思惟固有の構造および特質に関する論述を踏まえた上で，ローマ・カトリック主義神学者H・U・v・バルタザールが自著『カール・バルト——その神学の容貌と解釈』で提起した手法を検証する[35]。バルタザールは，当該著作において『ローマ書』出版以降のバルトの神学的展開に関して「弁証法の期間（Die Periode der Dialektik）」という表題のもとで考察を進め，『ローマ書』初版および第2版に関して批評した後に「弁証法の課題」と銘打って初期バルト神学を評する。バルタザールにとってこの二つの書物に共通する主題とは，徹底的に破壊された第一の時空（Äon）から，神における完全無欠であり根源的な創造による全体の回復としての神的かつ活動的な第二の時空にいたる，撤回できない運動としての動的終末論である[36]。そしてこの運動は，キリストにおいて恩寵を与える，神固有の事柄としての意味を有する。バルタザールはこの主題に示される救済的経綸理解が単に聖書のみ，また宗教改革者の神学思惟のみには基づいてはいないと指摘する。バルタザールはこの主張を裏付けるためにまずプラトンの思想，そしてオリゲネス主義の影響を指摘する。この際注目されるのは，郷愁（Sehnsucht）概念，空洞（Hohlraum）概念，そして危機（Krise）概念である。

　プラトンの場合，世界は理念における存在，理念からの堕落（Abfall），理念への存在の回帰という三重の運動の図式で説明される[37]。この図式はキリスト教，とりわけオリゲネス主義においては二重に修正されて用い

34　KD I/1, S.284. カール・バルト著，吉永正義訳「神の言葉I/1」『教会教義学』新教出版社，1995年，536頁。

35　Hans Urs von Balthasar, *Kalr Barth: Darstellung und Deutung seiner Theologie*, Johannes Verlag, Einsiedeln, 1951, 2 Auf., 1961, 4 Auf., 1976. なお便宜上，当該著作をKBと略記する。

36　KB, S.71.

37　Idem.

られる[38]。それは理念における存在を霊（Geist）とし、理念からの堕落を魂（Psyche）とする修正である。この世界観に沿うならば、世界はすでに堕落している。またこの状態にある人間が、堕落以前の始原的故郷としての理念を単に想起（Anamnesis）しても、現実に則した行為にはいたらない。このゆえに想起における存在に、人間の現存在の根拠を見出すことは不可能である。バルトの場合、想起とは郷愁を意味するだけでなく、人間存在の空洞、また危機である。さらにバルトにとってこの状態は叫喚（Inferno）である。しかし、この叫喚と結びつきながら（anknüpfend）下降した神的ロゴスは、堕落した魂を救済する。バルタザールの指摘によれば、オリゲネス主義による修正は、理念における存在という概念で示されたプラトン的思惟形式を、根底からは覆さず、バルト初期神学においてもその思惟形式は廃棄されてはいない。バルトにとって人間の始原的存在とは、神における存在である。神はその始原においてすでに啓示され、生来は秘義として隠されてはいない。むしろ人間の堕落が神的なものを秘義としたのであり、対照的に、キリストにより再生された人間には、神的なものは秘義ではありえない。このコンテキストから理解するならば、バルトの秘義概念への理解はバルタザールが主張するほどには強度の否定的特質を有しない。詳しくは本論文第4章で述べるが、本節において筆者は、バルトが秘義概念の根拠を人間の罪には置いていないことをその理由として考える。ところでこの再生の経緯において、救済者であるキリストは個別的人間の生の根拠となり、人間はこの根拠において自らの根源を想起し固有の存在を回復する。この回復は人間の神的理念への上昇をも意味する。キリストなしには、人間は神的理念を有するのみに留まり、またその理念へ向けて上昇する力もなく、あくまで人間には活動性のない論理だけが存するにいたる。この場合、人間はその論理を、種々の空洞の形姿（Hohlformen）である宗教、哲学、文化としてひたすら抱くに留まる。しかしキリストにおける啓示という絶対的出来事において、その空洞の形姿は再び生の力で満

---

[38] Ibid., S.72.

ち，神的理念にいたる上昇が実現するとバルタザールは理解する。

バルトによれば，霊と乖離した人間は肉であり罪責（Schuld）の状態にある[39]。人間は，この状態のままでは神的現実と現存在との分裂，あるいは理想と現実の諸々の対立を避けられない。また，人間は時の根源でもあるが，罪責の状態において時とはまさしく生の空疎化としての死を意味し，幻想（Schein），虚構（Lüge），幻影のヴェール（Schleier der Maja），非存在（Nichtsein），混沌（Chaos），幻影（Erscheinung）として表現される。バルタザールは，バルトが罪責理解を目的としてこれらの概念を展開するために，汎神論的視点を用いていると論じる[40]。バルタザールは，これらの概念を用いて堕落した人間の状態を説明するため，本来は類比の使用が不可欠であると理解する。しかしバルトはこの初期の段階では類比を神学的方法論として確立してはいなかった[41]。このため，バルタザールは類比に代わり汎神論的視点による理解をバルトに適用したと筆者は考える。確かに汎神論を用いるならば，被造物としての自然が人間の罪責によって損なわれていたとしても，神はその自然に内在し，キリストの恩寵もまた自然に則した秩序として理解できる。そしてこの理解によって，堕落した人間を，自然から疎外されたものと見なし，罪責の状態にある人間にとって自然は，非・自然（Unnatur）的性格を有するという主張が裏付けられる[42]。筆者は，バルタザールが汎神論的視点を主張した意図について，人間の罪責を自然－非・自然という乖離によって説明し，この乖離をイエス・キリストの啓示という出来事により統合できると考えたことによると推測する。つまり，創造主なる神と被造物なる人間との無限の質的差異と主張するバルトからは全くかけ離れた手法を敢えて用いることで，バルタザールは自分

39　Idem.
40　Ibid., S.12.
41　R・A・ハウスワーは，ローマ・カトリック主義神学者E・プシュヴァラとの出会いが，バルトの類比の使用に対する抵抗感を緩和したと述べている。Rodney A. Hausware, *Hans Urs von Balthasar and Protestantism: The Ecumenical Implications of his Theological Style*, T&T Clark International, London, New York, 2005, p.82.
42　KB, S.73.

の神学的展開に論理的整合性を持たせようとした。しかし汎神論的な論理的整合性には，時間性や歴史性を認めることはできず，従って『ローマ書』の動的かつ歴史的特質は解消されるという問題点が残る。この点でバルトの神学思惟の展開はバルタザールの解釈と袂を分かつ。

　さてバルトの『ローマ書』の展開に影響を与えたとバルタザールが見なす思想は，プラトン的オリゲネス主義だけではない。バルタザールは第二に，ヘーゲル主義と関わり神学を展開した人々からの影響に言及する[43]。バルトは1947年に出版した『十九世紀のプロテスタント神学』の中で，P・K・マールハイネケ，F・C・バウル，F・A・トールックをあげる[44]。しかしバルタザールは，プラトン的オリゲネス主義に比するならば，これらヘーゲル主義神学者の場合，バルト初期神学思惟の展開に際して注目すべき主題を提供していないと指摘する[45]。バルタザールによれば，彼らは普遍救済論（Apokatastatis）や動態論を意識しつつ生の過程が世界史的な原歴史的運動であると理解した上で，宗教的主観主義やロマン主義的敬虔主義から客観主義への転換を主張し，主観性や内省また魂の領域を堕落であるとみなす。同時に彼によれば『ローマ書』第2版における内面性の陰府（Hölle der Innerlichkeit）概念や，敬虔主義の叫喚（Inferno des Pietismus）概念に基づく神学思惟の展開は，ヘーゲルの『精神現象学』を思い起こさせる。そしてキリストにいたる転換は自我の忘却であると同時に自己固執からの善なる，そして真実なる永遠の客観性への転換であると理解される。同時に客観的精神たる聖霊は，絶対精神の国（Reich des absoluten Geistes）へ人間を導くとされる[46]。

　さらにバルタザールは，バルト初期神学思惟が宗教社会主義によって基礎づけられると主張する。宗教社会主義者にとり，主体性とは個人主義の反映として理解され，個人の忌まわしい孤独化からの転換は，キリストに

43　Idem.
44　Karl Barth, *Die protestantische Theologie im 19. Jahrhundert*, SS.442–468.
45　KB, S.73.
46　Ibid., S.74.

おいて現われた，人類の新しい有機的関係にいたる救済，私的所有や個性の冒瀆から神の公用化（göttliche Expropriation）にいたる転換として扱われる[47]。バルトは1911年，スイス・アールガウ州ザーフェンヴィルの教会に牧師として赴任した際に農村地域に住む労働者の生活改善を目指した[48]。その取り組みの中でH・クッターやL・ラガーツを中心としたスイス宗教社会主義運動に影響された後，第一次世界大戦を機に距離を保つにいたったと見なされる[49]。とは言え大崎節郎は『ローマ書』第2版において宗教社会主義への訣別が明確にされながらも，その運動に関する相対的評価は決して失われていない点を指摘する[50]。バルタザールの主張は大崎節郎の指摘を裏付けている。

　このようにバルタザールは『ローマ書』初版および第2版に共通する神学的図式を読み解くことで，バルト初期神学思惟において用いられた狭義の意味での聖書の外に求められる根拠を指摘した。この上でバルタザールは「弁証法神学」としてのバルト初期神学思惟を解明しようとする。バルタザールにとって神学的方法論としての弁証法は静的かつ二元的（dualistisch）弁証法と動的かつ三元的（triadisch）弁証法に大別され，前者は「キルケゴール的」として見なされる。キルケゴール的な二元性とは，神に対する人間の不敬虔な親密さを締め出すことを目的とした，罪性の徹底的な変化による神と被造物の分離を意味し，神の自存性（Aseität）の現臨によって強調される無限の質的差異として説明される[51]。その一方でバルタザールは，三元的弁証法を「ヘーゲル的」と称しながら，その三元性を次の道筋において論じる。つまり神の前で全世界を「罪あるもの」として明らかにする啓示が，実は世界をイエス・キリストにおける神の恵み

47　Idem.
48　E・ブッシュ著，小川圭治訳『カール・バルトの生涯　1886–1968』第2版，6–115頁。
49　石井裕二著『現代キリスト教の成立――近代ドイツ・プロテスタンティズムとその克服』日本基督教団出版局，1975年，6–115頁。
50　大崎節郎著『カール・バルトのローマ書研究』新教出版社，1987年，388頁。
51　KB, S.90.

と深く関係させ，罪人を義人に変容させる特質を授与する道筋である[52]。この説明からは，啓示が罪人の義人への止揚の契機となっていることを看取できる。しかしながら，この異なる弁証法において静的か動的かとの問いの区分について，特にキルケゴール的弁証法を「実存弁証法」とみなし動的性格を有するとして受容した研究者には，慎重な検討を要するであろう[53]。いずれにせよバルタザールの理解によれば，弁証法が神学において用いられる場合にはあくまでも神認識における方法として，世界内的領域において行使される[54]。このようにバルタザールは，神学的方法論としての弁証法の役割を制限する。

　以上の考察に立った上で，バルタザールは，バルトが神学的弁証法に依拠してキリストの啓示を神や被造物をめぐる哲学的理解と神学を，徹底的に区別しようと試みた点を強調する。その場合の根拠となるのが第一には啓示理解，そして第二にはこの啓示理解に基づく人間理解である[55]。初期バルト神学における啓示理解の特質としては神の啓示の絶対的活動性（absolute Aktualität der Offenbaung）をあげることができる。この絶対的活動性概念は被造的世界の中で比類ない特質を有する。バルタザールはこの概念を，啓示の事実における絶対的行為，絶対的決断，絶対的創造，絶対的主権，絶対的無制約性を示す概念として理解する。これらの絶対性は，ただ神のみの特権に帰せられる。そしてこの絶対的行為はイエス・キリストの啓示の出来事として生起することにより被造的世界に突入し，神に人間を従属させる。しかしその一方でこの出来事が生起した結果，人間は神に背く者であり，神から完全に乖離し断罪される者であることが露わとなる。バルトによる啓示理解のこうした局面を，バルタザールは次のように

52　Ibid., S.91.
53　小川圭治著『主体と超越』創文社，1975年，97–100頁。なお，「実存弁証法」とは，H・ディームによって展開されたキルケゴールの弁証法理解であり，それは「問いと答えの交代」による二重の関係によって，対話者を自由な主体として解放し，自己の実存的内面性へと還帰させる特質を有するとして説明される。
54　KB, S.80.
55　Ibid., SS.88–89.

理解する。「神の『自存性』という炎（Das Feuer des göttlichen „Aseität")は、被造的存在を中立的にではなく、神の聖性に完全に対峙するものとして把握する。つまり、神を知ろうともせず、神と乖離した忌むべき存在として、である」[56]。

バルタザールはこの神学的弁証法の特質を問題視する。なぜならバルタザールにとって弁証法そのものの絶対視とは、神と啓示の合一、次いで被造物と神に対する純粋な対立物としての無との合一の生起を意味するからである。この結果被造物は、啓示において神にとり込まれ、神的な絶対的運動を通して神に帰順させられ、その根源と目的において神と同一視される[57]。そして遂には、神学的弁証法の世界内的制約は失われるにいたる。バルタザールは、この特質を極めて尖鋭的であると理解し『ローマ書』の方法論を神学的表現主義（Theologischer Expressionismus）と見なす[58]。しかしながら、そもそも表現主義とは芸術一般の技法上の特徴を示しており、自己意識の深みへの指向や既成価値の否定を根底に有する。この風潮は第一次世界大戦時に生まれ、第一次世界大戦後に一般化した[59]。この時代状況を踏まえながらも、筆者は神学的表現主義というバルタザールの評価は概して大味であり、バルト神学に対しては必ずしも適切ではないと考える。その理由は、バルトが『ローマ書』で展開した、創造主なる神と被造物なる人間との無限の質的差異という主張の意図が、神と人間の混同を徹底的に退けながら両者の関係をイエス・キリストにおいて再構築し強化することにあったと考えられるからである[60]。この見解に立つならば、バルトの神学的方法論が一時代の過渡的現象に影響されて生じたものに過ぎないとする誤解は避けられるのではないだろうか。なお1928年出版の第6版

56　Ibid., S.89.
57　Ibid., SS.91–92.
58　Ibid., S.90.
59　石井裕二著『現代キリスト教の成立――近代ドイツ・プロテスタンティズムとその克服』160頁。
60　筆者のこの主張の根拠としては、大崎節郎著『カール・バルトのローマ書研究』32–33頁、59頁の論述をあげる。

序言に見る通り，バルトは『ローマ書』の神学的方法論において，その目指す展開とは異なる手法が存していた点を自覚していた。「本書を送り出すに当たって，私はあからさまに次のことを告白したい。それは，私が再び本書の課題に直面したとすれば，同じことを言うにも，一切をすっかり，言い換えざるをえないだろう，ということである」[61]。さて第1章第1節のまとめとして，筆者はこの発言に示されたバルトの神学的方法論の転換をめぐるバルタザールによる評価を考察する。この考察は本論文におけるバルト資料解釈の方法論とも結びつく。さらにはバルタザールの著作を通してバルトの神学的方法論の転機について論じるにあたり，この転機がバルトの神学的展開の完全な断絶を示すのか，それとも転換の根底には連続性があるのかとの解釈上の問題を扱わなければならない。

　バルタザールは，バルトの著作の解明にあたりこの問題に細心の注意を払う。彼は著作第2部冒頭で「解釈のために（Zur Deutung）」と題し次の事柄を指摘する[62]。すなわち，ある精神的なライフワークを整理するためには原則として二つの可能性がある。第一の可能性は，初期の作品から後期の作品へと向けて解釈し，初期の作品を後期において正当に展開される「つぼみ（Knospen）」として理解する道筋である。例としては『教会教義学』を『ローマ書』に則って解明する方法に立つ理解である。他方第二の可能性は『教会教義学』に基づき『ローマ書』を後期バルト神学の雛型として積極的に意味づけながら解釈する立場である。ただしバルトにおいて，初期の作品と後期の作品の有する思惟形式は異なるものの，その移行の際には動的性格が存する。その理由は，バルトの場合最も後期の作品は極めて密やかな，しかし極めて活きいきとした意味で，最も初期の作品でもあること，つまり，『教義学』の強力な展開は，精力的であると言うよりも精神的でありつつ，結果としてはまさしく当初からあり続け，そして収斂され

61　Karl Barth, *Römerbrief*, 1922, 6 Auf., 1929, Evangelischer Verlag, Zollikon, Zürich. カール・バルト著，吉村善夫訳「ローマ書」『カール・バルト著作集14』新教出版社，1967年，29–30頁。

62　KB, S.67.

第1章　『知解を求める信仰』以降のバルト神学の神認識の立場　　　39

た力の爆発であることは疑いようがないからである[63]。従ってこの思惟形式の際は全作品の発展的連続性において解釈される。『教会教義学』から『ローマ書』を顧みる場合，この最初の期間における真正かつ固有の関心事が，全ての正反対の外観にも拘わらず，円熟した『教義学』の関心事に応じていることを確認する[64]。この確認を踏まえて，排他的な二者択一的手法に根ざした解釈は放棄される[65]。それだけに後期の作品から初期の作品に方向づけられただけに留まる一方的な解釈に依拠する理解，また反対に『ローマ書』と『教会教義学』の方法論的差異の一面的な強調に終始する研究態度は，バルタザールには著者に対する冒瀆（Beleidigung）」として映るのである。

　以上の指摘に基づくならば，バルタザールはバルトの神学的方法論の転換を断絶と見なしてはいない。それどころか初期から後期にいたるバルト神学の方法論的葛藤を，その神学の有する豊かさとして積極的に位置づけたとも理解できる[66]。筆者はこの理解を具体的に説明するにあたり，バルトの著作『知解を求める信仰』における二つのケースをあげたい。詳しくは第4章において論述するが，第一のケースは神の自存性概念である。この概念は初期バルト神学の展開においては，人間の罪性を露わにする限り，否定的契機としての面が強調される。しかし『知解を求める信仰』では，人間は被造物としてこの概念に示された神の存在様式に参与する。これにより人間は神認識を可能とする契機を得る。第二のケースとしては同著作で展開された神学的方法論を指摘できる。『知解を求める信仰』は『教会教義学』での類比思想にいたる転機としても知られているが，同著作で論じ

63　Ibid., S.69.
64　Idem.
65　Ibid., S.68.
66　なお，このバルタザールによる問題提起を，小川圭治は著書『主体と超越』の237-240頁において，バルト研究史上初の指摘であったとし，バルト神学の理解にとって最も基本的な方法論的方向づけを与えたと評した。また，この点では大崎節郎も小川と見解が重なる。大崎節郎著『恩寵と類比――バルト神学の諸問題』新教出版社，1992年，15頁。

られた諸命題を理解する場合，アンセルムスが用いた対話的手法を是非とも考慮するべきである。バルタザールの指摘に沿うならば，この二つのケースの有する複合的特質を有機的に関連づけることが可能であるとの理解により，バルトの神学思惟の統一性とユニークさを新たに発見できる。このバルタザールの研究手法を，バルトの著作の円環的秩序に則した三位一体論的運動論と併せて用いるならば，「神論」の考察に相応しい方法論を適用できるのである。

第2章 バルト神学とプロテスタント主義との関係の再吟味

文化プロテスタント主義概念を軸として

バルトは『教会教義学』序文で、その方法論を述べる際に、その時代の神学の諸状況に批判を加える。そこには近代プロテスタント主義批判も含まれており、次の引用文の中でそれは初めて取り上げられた。そこでバルトは「ますます増大しつつある、近代プロテスタント主義——それにとって、おそらく、結局まさに三位一体と処女降誕と共に、第三の次元全体としての、宗教的・倫理的な『真剣さ』と混同されてはならない秘義の次元が失われてしまった近代プロテスタント主義、それと共にすべての可能な、役に立たない代替物で罰せられるようになった近代プロテスタント主義、そして、高教会派、ドイツ教会、キリスト者共同体（Christengemeinschaft）、宗教社会主義、また、それに似た悲しむべき徒党と分派にそれだけ制止なしに落ち込んだ近代プロテスタント主義、いずれにしても、その牧師と信徒の多くが結局、自分たちの北方ゲルマン的血の陶酔の中に、また政治的な指導者の中に、宗教的な深遠さを見出そうとした近代プロテスタント主義——の荒廃、退屈さ、無意味さについて」慨嘆している[1]。

　明らかにバルトはこの批判の中で近代プロテスタント主義が秘義概念を軽視してきたことを示唆しており、それは本書の主題に密接に関連している。しかしまずは、近代プロテスタント主義のなした貢献を度外視した一方的な批判のように読みとれるこの批判を考察していくならば、近代プロテスタント主義、ならびにバルトによる近代プロテスタント主義批判の双方に存すると認められる積極的な特質とそこに潜む課題を浮き彫りにできると思われる。同時に近代プロテスタント主義だけでなく文化プロテスタント主義、新プロテスタント主義といったバルトによって同様に批判されている諸概念が、日本のバルト研究では大雑把な扱いしか受けていないと思われるので、F・W・グラーフの『文化プロテスタント主義』を参照しつつ、

1　KD I/1, SS. iv–v. 吉永正義訳「神の言葉 I/1」『教会教義学』VII頁。

これらの概念を整理し，先のバルトの引用文が本来意味するところを，彼が執筆した他の文献をも参考にしながら考究する[2]。

■第1節　近代プロテスタント主義をめぐる諸概念の整理

グラーフは1890年から1905年にかけて，近代プロテスタント主義（moderner Protestantismus），自由主義的プロテスタント主義（liberaler Protestantismus）との言辞が，ドイツ・プロテスタント協会（Der deutsche Protestantenverein）関係の定期刊行物にこの協会の立場を特徴づけるために数多く使われていることを指摘する[3]。さらに1911年に「文化の力としての宗教（Religion als Kulturmacht）」をテーマとして開催されたドイツ・プロテスタント協会の大会で掲げられた当該協会の諸原則の中にいわゆる「文化プロテスタント主義」概念が見出されるという[4]。この諸原則には，プロテスタント協会に関わった牧師の文化政策をめぐる自己理解が表現されている。すなわち，真の文化は霊的，道徳的，物質的な人間の全生活を包括している。この文化は道徳的自由に基づく行為によって建設されるのであり，霊によって世を満たす営みを通じて，この世を人類の道徳的目的に仕えるものへと変革する。そして，キリスト教は人間を内面的に世の物質的欲求から引き離すとともに，世が道徳的に支配されていくように高めることを通じて，道徳的自由を具現していく。この点で文化とキリスト教は深く関わる。

2　Friedrich Wilhelm Graf, *Kulturprotestantismus — Zur Begriffgeschichte einer theologischen Chiffre: Kulturprotestantismus; Beiträge zu einer Gestalt des modernen Christentums*, Herausgegeben von Hans Martin Mülller, Gütersloher Verlaghaus Gerd Mohn, Gütersloh, 1992, SS.21-77. 邦訳は，F・W・グラーフ著，深井智朗・安酸敏眞編訳『トレルチとドイツ文化プロテスタンティズム』聖学院大学出版会, 2001年, 24-106頁を参照。当該論文の翻訳は佐藤真一が担当。筆者は，グラーフの論文が収録されている書籍に関して，表記上の便宜を図るためKPと略記する。

3　KP, SS.32-33. F・W・グラーフ著，深井智朗・安酸敏眞編訳『トレルチとドイツ文化プロテスタンティズム』33-34頁。

4　Vgl. KP, SS.28-29. 同書31-32頁を参照のこと。

宗教が文化と乖離する時には，文化は自らがもたらした物質的財産に隷属するにいたる。そこに生じるのは，文化への喜びではなく，倦怠感や無気力である。物質文化によって道徳生活が窒息してしまうからである。宗教が文化と乖離する時には，宗教は物質主義の中で破綻しこの世に浸透する力を失ってしまう。福音主義教会の課題はあらゆる宗教的道徳的な自由の諸力の展開を妨げ，深刻な危機をもたらす物質文明的制約を信仰の教えと制度の両面において取り除いていくことである。なぜなら，そうすることによって文化とキリスト教との真の宥和が現代に可能となるからである。
　ところで，この綱領に示された宗教が文化を統御するべきであるという要請は，R・ローテ，O・プライデラー，R・A・リプジウスといった19世紀にドイツの大学で活躍したリベラルと見なされる神学者たちの思想には見いだされない[5]。またグラーフは19世紀のドイツ・プロテスタント協会系の教会の新聞や定期刊行物の中にも，また協会の指導的な神学者の出版物においても，文化プロテスタント主義という表現が基本方針を示す自称の意味では用いられなかったことを指摘する[6]。ただし，このような新聞や定期刊行物には，上述のようにドイツ・プロテスタント協会の構成員が自らの立場を特徴づけるために用いた次のような用語が見いだされる。それは「自由プロテスタント主義（freier Protestantismus）」，「自由キリスト教（freies Christentum）」，「自由主義的プロテスタント主義（liberaler Protestantismus）」，「近代プロテスタント主義（moderner Prostestantismus）」，そして「教会自由主義（kirchlicher Liberarismus）」といった用語である[7]。さらにグラーフはH・-J・ビルクナーの指摘に基づいて，ドイツ・プロテスタント協会の構成員がプロテスタント自由主義者

5　Vgl. KP, S.31. 同書33頁を参照のこと。
6　Idem. 同書同頁。
7　Ibid., SS.31–32. 同書33–34頁。なお，プロテスタント主義神学において，日本語で「自由」と訳されるドイツ語としてfreiとliberalがあるが，用法として，freiの場合はpositiv（実定的），liberalの場合はkonservativ（保守的）もしくはtraditionell（伝統的）と対置されるケースが一般的である。この概念の特徴は，諸信条に対する教会あるいは教育・研究機関の立場や姿勢に由来する。

(protestantische Liberale）と自称したことも記している⁸。また当該協会の会員や当該協会に近い立場にあった神学者にとって，「自由主義神学（liberale Theologie）」もしくは「古自由主義神学（altliberale Theologie）」とは自らの立場の表現であった⁹。

　しかしこの語法にはドイツ・プロテスタント協会に留まらない広がりがある。なぜならば，教会政治上，ドイツ・プロテスタント協会に対立する伝統志向的な教派主義ルター派の陣営に立つ人々もこの用語を用いているからである。ドイツ・プロテスタント協会への批判者はドイツ・プロテスタント協会の「キリスト教と近代文化の宥和という綱領」が「時代精神を不可謬とする新しい異教的信仰」であると嫌悪した上で「プロテスタント協会による教義的内実を希薄化する営みに対する闘い」を呼びかけた。この呼びかけの中ではその対象として主に自由主義的プロテスタント主義，もしくは教会自由主義の問題が語られた¹⁰。つまり，伝統的，保守的なルター派に属する批判者は，自由主義とは日常生活における無神論や世俗の視点による教会に対する敵意といったキリスト教的に正統ではないものの総体であると見なしたのであるが，反対に，ドイツ・プロテスタント協会を擁護する神学者にとって，自由主義は文化的進歩性の重要な証明であったのである。グラーフは，この論争の考察を通じて，否定的な意味合いを帯びた自由主義概念について，1920年代の神学によって言い表された「自由主義神学」批判と政治的に保守的なルター派神学者による「自由主義的プロテスタント主義」に対する闘いと本質的に連続していると指摘する¹¹。つまり，現象としては決して前向きとは呼べない批判的な関係にも，そこには関係性としての水脈が通じているとの見方が成り立つとグラーフは述

8　この指摘については，H・-J・ビルクナー著，水谷誠訳『プロテスタンティズム──潮流と展望』日本基督教団出版局，1991年，73-94頁にも類似した論述を確認できる。
9　KP, S.32. F・W・グラーフ著，深井智朗・安酸敏眞編訳『トレルチとドイツ文化プロテスタンティズム』34頁。
10　Idem. 同書同頁。
11　Ibid., SS.32-33. 同書33-34頁。

べるのである。

　ところで，ドイツ・プロテスタント協会が「自由主義神学」を自称しているならば，これに対応して他称として他の立場に対する呼称も存在するだろう。グラーフによれば，この協会関係者は「教会的プロテスタント主義 (kirchlicher Protestantismus)」，「正統主義的プロテスタント主義 (orthodoxer Protestantismus)」，「教義的プロテスタント主義 (dogmatischer Protestantismus)」，「復古的プロテスタント主義 (restaurativer Protestantismus)」という表現を反対概念として用いていたのである[12]。つまり，「二重のプロテスタント主義 (doppelter Protestantismus)」が存在する。換言すれば，ドイツ・プロテスタント協会が活動した時代には，伝統主義的なプロテスタント的自覚と，その伝統主義的立場を脱する自由主義的な転換を志向するプロテスタント的自覚とが共在し，その間に緊張関係が生じていたのである。この対立構造は具体的には教会政治上の対立としての体をなしていたが，この対立図式を説明するにあたり用意された枠組みは，すでに1846年にF・A・ホルツハウゼンが設けた区分である「教会の信条に基礎を置く否定的プロテスタント主義」と「比較的最近の時代の教養の基盤によって充たされている肯定的プロテスタント主義」との対比にその端緒が見いだされる。グラーフはこの図式に対応して，古－新プロテスタント主義や古－近代主義プロテスタント主義といった対概念を論じることができると理解する[13]。

■第2節　19世後半から20世紀前半における　　　　　プロテスタント主義の変容

　それでは実のところ「文化プロテスタント主義」の由来とその確定の根拠とは何であろうか。グラーフによれば，この概念は第一次世界大戦以

12　Vgl. KP, S.33. 同書35頁を参照のこと。
13　Vgl. KP, S.32. 同書35頁を参照のこと。

前には必ずしも重視されてはいない。むしろ1920年代初頭になってからドイツ・プロテスタント協会の出版物で確認されるようになった[14]。1921年以来、この協会の事務総長であり指導者でもあったW・シュープリンクは、1924年に『プロテスタント新聞（*Protetantenblatt*）』上の「自由プロテスタント主義の生存権と生命力（Lebensrecht und Lebenskraft des freien Protestantismus）」と題した論説の中で、文化プロテスタント主義について次のように擁護する。「正統主義者たちのあいだで、われわれを文化プロテスタント主義者と呼ぶことが流行している。正しい理解のもとであれば、われわれはこの呼称を受け入れられる。反対者が浴びせた罵詈雑言は、今やまさに敬称となり固有名詞となった。反対者たちは文化概念に代わって、文明という概念を密かに押しつけ、われわれがあたかも文明の進歩に対する感嘆を宗教の代用物にしようと欲しているかのような体裁を生じさせようとしている。しかし、かつてわれわれは次のような呼びかけに同意した。（略）われわれの誰かが、何らかの仕方で文化を好む雰囲気（Stimmung）のようなものに陥った際には、神への讃美を確かに保つため、そのような気分を表現するよう、ひたすら抑制した。われわれが積極的に文明の価値を認めた場合、神の霊を吹き込むことによって、文明に文化の性格を与えるため、表現を抑えたのである（略）」[15]。グラーフによれば、この擁護の後1925年にシュープリンクが行った講演『文化プロテスタント主義の真の本質と宗教的価値について（*Vom wahren Wesen und religiösen Wert des Kulturprotestantismus*）』が出版されることによって、当該協会は文化プロテスタント主義概念を教会そのものの基本路線を示す自称として受け入れるにいたる[16]。ただし、ドイツ・プロテスタント協会の場合は、文化プロテスタント主義概念をめぐり、文化への好意（eine Kulturfreundlichkeit）が福音という真珠（die Perle des Evangeliums）を、他の文化をめぐる動機という

14　Vgl. KP, S.34. 同書36頁を参照のこと。
15　Ibid., SS.34–35. 同書36–37頁。
16　Ibid., SS.35–36. 同書37頁。

数多の美しい真珠の中で見失った（unter den vielen guten Perlen der anderen Bildungsmotiv verlor）という批判的視点を忘れない。グラーフによる考察を踏まえるならば，ドイツ・プロテスタント協会は，文化プロテスタント主義に寛容な自由主義神学について全てにわたり賛同していたとは言い難い[17]。

　ドイツ・プロテスタント協会に内在するこうした制約を踏まえた上で，グラーフは自由主義神学概念と，M・ラーデの編集した定期刊行物『キリスト教世界』との間に存する一層具体的な関連性を指摘する。グラーフによれば，『キリスト教世界』は，全ての身分の教養人のための福音主義共同紙であり，ドイツ・プロテスタント協会の有する教会自由主義に基づいた批判と，自由主義神学に伴う制約に関して，新しい（略）積極的な活動を目指す世代の自立性を正当化する役目があると，その関連性の意義を論じた。グラーフはこの論者としてO・バウムガルテンをあげる[18]。グラーフはバウムガルテンが，今一度シュライアマハーの結び目をより堅く結びつけようと試み，われわれの国民にとって是非とも必要な，宗教と文化，国民教会とより高次の教養，こうしたものの統一のための指導者になろうとした，と指摘する。この指摘によって，グラーフによるバウムガルテンのシュライアマハー復興への一定の評価を見出そうとする姿勢が窺える[19]。ただし，他方でグラーフは，宗教や敬虔から文化が疎遠になり，さらには教養市民層の非教会化や宗教離れが進行する中で，宗教と文化の対立を宗教的キリスト教的意識と文化上の世界形成との間の根本的な相違の表現とバウムガルテンが捉えた点を見逃さない[20]。またグラーフはバウムガルテンが前世代の神学者H・J・ホルツマン，A・ハウスラート，A・E・ビーダーマン，R・A・リプジウスによる自由主義神学概念については必ずしも肯定的に評価してはいないと論じる。バウムガルテンには，これらの神学者が

17　Ibid., SS.36-37. 同書38頁。
18　Ibid., S.37. 同書38頁。
19　Vgl. KP, S.37. 同書38頁を参照のこと。
20　Idem. 同書39頁。

市民層特有の文化に由来する価値に屈する中で，キリスト教の終末論的独自性が喪失する危険に晒されたと映った。グラーフは，バウムガルテンがこの批判を一層尖鋭化させると指摘する。すなわち，文化の現状の一方的な肯定に留まる宗教と文化の神学的調停において，国家に対する教会の根本的な自立は，いかなる場合にも正当には評価されない。

さらにグラーフはバウムガルテンを，1928年のドイツ民主党（Deutsche Demokratische Partei）の出版物において，個人的な信念・信仰を培う自由の全面的な擁護と，宗教共同体形成の必然性に対して深まりゆく自覚とを結びつけた自由主義的文化プロテスタント主義の代表者として，ラーデやトレルチと等置されると解釈する。バウムガルテンによるこの自己規定に基づく場合，その時代の大学で行われた自由主義神学の著名人の宗教政治上の基本的合意に則するならば，宗教は文化の中には決して吸収されないという見解で一致する。グラーフはその理由としてトレルチとラーデによる神学的な調停の基本姿勢が，宗教と文化の本質的対立を前提にして展開した点を指摘する。グラーフはこの理由をより確たるものとするために，トレルチの「宗教の偉大さは，まさに文化との対立にある」との主張を引用する[21]。トレルチは，プロテスタントの倫理学者が世をあまりにも簡単に道徳的な財産と義務の国として理解すると指摘する。そして，この単純さに基づいてあまりにも無邪気に喜んだ結果，このような倫理学者はキリスト教の道徳律と，キリスト教文化の名前で飾られた既存の文化との鋭い対立を適切には描写しない。そもそも倫理学者はとりわけ既成事実（das Bestehende）をいかなる犠牲を払っても是認しようと欲する誤りを放棄すべきである。この誤りは，今日の世界があたかもキリスト教世界であるかのように見なす憶測にその論拠を求めるべきだとトレルチは論じる[22]。グラーフの論調に則するならば，ドイツ・プロテスタント協会の場合，条件

21　Ibid., S.39. 同書40頁。
22　Vgl. KP, S.39. F・W・グラーフ著，深井智朗・安酸敏眞編訳『トレルチとドイツ文化プロテスタンティズム』41頁を参照のこと。

つきではあるが肯定的な地位を授けられた文化プロテスタント主義概念あるいは自由主義概念は，トレルチやラーデの世代までには少しずつ陰りが生じてくると言える。ただし，ドイツ・プロテスタント協会や『キリスト教世界』の場合は，これらの概念の徹底した拒絶や拒否まではいたらない。

その一方で，20世紀プロテスタント主義神学界にはバウムガルテンやラーデ，トレルチの関わる自由主義神学概念に対する拒否，ならびにその拒否への批判がある。グラーフはこの拒否と批判に関して五つの点で顕著な構造上の類似を指摘する。筆者はグラーフによる五点の指摘のうち三点を重視し要約する。

第一の批判は，主に世代や職業上の社会的地位に関わる。ただし，当時の神学の代表者が文化に深い信頼を寄せ，そのゆえにキリスト教に相応しい内実を広める態度を次世代から非難されている場合，その非難は自由主義神学固有の神学上の立場が構築される関心の表現として理解されるべきである。したがって自由主義神学概念に対する批判と結びつく事柄は，支配的な神学的意識の状況を克服しなければならないパトスとしての性格としても解釈できる。

第二の批判は，意味論的観点として1890年ころには若手の世代であった神学者が，すでにいわゆる弁証法神学によってはっきり表現された宗教的自由主義や神学的歴史主義，文化プロテスタント主義への批判の真正な表現として，一般に見なされている諸概念をすべて踏まえている点に向けられる。具体的には，プロテスタント主義神学では遅くとも1880年代以来，進歩信仰，進歩楽観主義といった諸概念，進歩崇拝，および文化の至福，文化信仰，文化楽観主義，文化順応，文化偶像視，文化内在といった文化との言辞を用いた合成語は，対立する神学上の基本路線を批判するための攻撃的なタームとして用いられている。例えば『キリスト教世界』寄稿者の中では，文化への批判的な動機からは隔たっていたハルナックでさえ，文化全体の内部で宗教的なものが優位を占めることを理由づけようとする限りにおいて，文化の至福（Kulturseligkeit）概念を退けた。

第2章　バルト神学とプロテスタント主義との関係の再吟味　　51

　第三には教義学的観点からの批判として，宗教と文化の対立の問題を指摘する。神学の場合，宗教と文化との対立が終末論的観念の道筋に沿って説明される。歴史神学と教義学の核心に入る終末論が神学総体の中で占める位置を高めていくほどに，宗教が文化に先んじると強調される[23]。

　ところで以上述べた自由主義神学への拒否と批判の類似点への指摘に劣らず重要な事柄とは，ドイツ・プロテスタント協会の「神学的古自由主義（theologischer Altliberalismus）」と，A・リッチュルの影響を受けた『キリスト教世界』に関わる神学者との，神学から教会政治，そして社会政策にいたる見解の相違である。バウムガルテン，ラーデ，トレルチについて，各々の活躍以前に繰り広げられた教会自由主義と区別する事柄に関して言及する場合，その時代の文化の危機と並行して，文化の内的矛盾に関する世代特有の経験が注目される。『キリスト教世界』に関わる神学者の世界像には，根本的には調和的な社会像ではなく，葛藤への対応，資本主義による近代化がもたらした無秩序の結果への目覚め，あるいは帝政ドイツ社会の社会的・政治的対立に関して日毎に深められる問題意識を伴う感受性を見出せる。この問題意識に則して論証される事柄は，トレルチ以前の世代に属する自由主義神学者がすでに表現を試みていた。この論証の試みは，キリスト教と文化の総合がすでに損なわれていたことを前提とする[24]。『キリスト教世界』誌上で行われた，歴史的状況に適合した近代神学をめぐる多くの論争は，社会が必要とする宗教的意味づけが，その時代のプロテスタント主義に受け継がれてきた既存の手段を通じ，どこまで果たされるのかとの問い，あるいはこの目的に適うプロテスタント的敬虔の根本的近代化が果たして必要なのかという問いと関連していた。この問いを克服するために，当時の神学には二つの道筋が備えられていた。第一には観念主義的な理論の伝統と調和しつつ論証を行う古自由主義の神学者が構成したような，現実を全体として説明する形而上学的体系が，カント的な公理規範か

23　Vgl. KP, SS.40–41. 同書41–42頁を参照のこと。
24　Vgl. KP, S.41–42. 同書43頁を参照のこと。

ら引き裂かれていく道，そして第二には，例をあげるならば，トレルチが示した客観的な文化の理想が歴史哲学上で再構築される際に求められる，総合を完成する試みとしての道である[25]。

さてトレルチの著作の場合，プロテスタント主義に立つキリスト教の変容に際して顕著に観られるのは，実のところプロテスタント主義概念ではない[26]。トレルチは，近代に適したプロテスタント主義という理想を，さしあたり歴史的に考えられた古プロテスタント主義と新プロテスタント主義との区別と関連させ，発展させている。この対比の中でトレルチは，新プロテスタント主義をより際立たせている。他方，トレルチとは異なった立場を保ちながら伝統を指向する，実定的神学 (positive Theologie) に立つルター派神学者 R・H・グリュッツマハーは，実定的ルター派の大学での神学では主流を占めた機関誌『新たなる教会 (Neue Kirchliche Zeitschrift)』で，ローテの「教会から自由な文化プロテスタント主義」概念に言及している[27]。この概念は，グリュッツマハーの立場からするならば，文化全体に影響を及ぼすプロテスタント主義に焦点を合わせようとするあまり，あるいはプロテスタント主義に基づき統一された文化という理想を実現しようとするあまり，教会の制度的自律を道徳的な文化国家の普遍性へと消滅させた近代プロテスタント主義の神学的誤謬を示している。ただしグリュッツマハーの主たる関心は，文化プロテスタント主義や教養プロテスタント主義にではなく，すでに新プロテスタント主義に向かっていた。プロテスタント主義に立つ大学の神学においては1920年代になると本質的には文化プロテスタント主義の正当性に関する論争ではなく，古プロテスタント主義と新プロテスタント主義との対立を際立たせることを通じて，神学の方向性に関する闘争が行われた。その闘争においてグリュッツマハーは第一次世界大戦および1920年代にかけて古プロテスタント主義

25　Vgl. KP, S.43. 同書44-45頁を参照のこと。
26　Vgl. KP, S.44. 同書45頁を参照のこと。
27　Ibid., S.44. 同書46頁。

の護教論を展開し，新プロスタント主義概念と理念を批判した[28]。グラーフは，H.-J・ビルクナーによる概念史研究論文『新プロテスタント主義について』を間接的に引用し[29]，新プロテスタント主義が歴史的時代区分に有効な区分として1830年代にまで遡行できることを明らかにしたと指摘した。その上で，三月革命以前の「光の友」にまで言及し，この「光の友」における特定の立場を表す概念の使用も視野にいれる[30]。「光の友」とは，特にザクセンとプロイセンに発祥し1841年以来存続した，福音主義に立つ牧師と信徒の合理主義的な初期自由主義神学に基づく結社「プロテスタントの友」に始まる交わりを指す[31]。さらにR・ハイムの場合は，「大学における新プロテスタント主義」を「教会における信仰上の実践からは独立した敬虔の形態」として理解する。グラーフは，この新プロテスタント主義概念の規定に着目する。その理由は20世紀初頭における教会の新聞や定期刊行物や宗教に関するパンフレットの中で，この概念の射程内で使用されている点に存する。そして新プロテスタント主義概念に対する批判を俯瞰する場合には，大学の神学者による出版物よりも新プロテスタント主義概念を掲げて刊行された新聞や定期刊行物，またパンフレットが重要であると論じる。例えば，G・フィットボーゲンによる『新プロテスタント主義の信仰——宗教的危機の克服のために (*Neuprotestantischer Glaube. Zur Überwindung der religiösen Krisis*)』，K・ザッパーによる『新プロテスタント

---

28 Vgl. KP, SS.44–45. 同書46–47頁を参照のこと。
29 Hans Joachim Birkner,*Über den Begriff des Neuprotestantismus* : Hans Joachim Birkner/ Dietrich Rössler, Herausgaben, Beiträge zur Theorie des neuzeitlichen Christentums. Festschrift für Wolfgang Trillhaas, Berlin 1948, SS.1–5. とグラーフの論文脚注には記されていたが，日本国内では入手できなかった。ただし，グラーフによる考察の鍵となる論文のため，文中ではグラーフの引用をそのまま用いる。
30 KP, S.45. F・W・グラーフ著，深井智朗・安酸敏眞編訳『トレルチとドイツ文化プロテスタンティズム』46–47頁。
31 Friedrich Wilhelm Graf, *Religion in Geschichte und Gegenwart, Handwörterbuch für Theologie und Religionswissenschaft*, Vierte, völlig neu bearbeitete Auflage, Herausgegeben von Hans Dieter Betz, Don S. Browning, Bernd Janowski, Eberhard Jüngel, Band 5, L-M, Mohr Siebeck, 2002, S.333.

主義（*Neuprotestantismus*）』，ザッパーの著作への実定的ルター派からの批判であるH・レンバートによる同名の著書といった教派の影響を受けたテキストには，プロテスタント主義の信仰の伝統の「文化的ゆがみ」に存する功罪が，大学の神学の出版物に比して実に顕著な仕方で現れている。その功罪とは，新プロテスタント主義が国家主義的イデオロギーの主要な担い手となったところに存する。そしてこれはドイツ・プロテスタント協会や『キリスト教世界』に連なる神学者のテキストにも影響している[32]。

またグラーフは，トレルチによって構成された図式に基づく古プロテスタント主義と新プロテスタント主義への考察が，20世紀初頭に競合しながら互いに排除し合うプロテスタント主義的敬虔を類型化する際には有益だと理解する。なぜならば，この図式に基づいて整理されるならば，それは神学上の正統性と非正統性のカテゴリーによる分類とのつながりを示すとともに，新プロテスタント主義が宗教改革の伝統を観念論的にゆがめたことから生じる，教会と神学，そして神学における敬虔の立場への影響が顕在化するからである。グラーフの指摘はそれだけには留まらない。新プロテスタント主義概念は，プロテスタント主義そのものの基本路線を示す自称として，その広い範囲にわたる近代化への，決して完結してはいない歩みの目標概念としての特質も含むと彼は指摘する[33]。新プロテスタント主義概念に関するこのような解釈は，啓蒙主義と観念論を端緒としたプロテスタント主義の敬虔の改変（*Umformung*）を自覚的に継承しつつ促進することだけが，プロテスタント主義の歴史的未来を拓くという前提がある。新プロテスタント主義がそのように規定される場合は，古プロテスタント主義が宗教政治的に素朴で時代遅れになった意識段階を意味する[34]。より詳しく述べるならば，この意識の段階は宗教改革と16世紀末期および17世紀の正統主義との歴史的な古プロテスタント主義へ教義の面で依

32　Vgl. KP, SS.45–46. F・W・グラーフ著，深井智朗・安酸敏眞編訳『トレルチとドイツ文化プロテスタンティズム』47–48頁を参照のこと。
33　Vgl. KP, SS.46–47. 同書48頁を参照のこと。
34　Vgl. KP, S.47. 同書48頁を参照のこと。

存しており，キリスト教の啓蒙主義的・観念主義的な近代化の拒絶を通じて，教会を軸としたプロテスタント主義が社会全体における中心的な役割を否応なしに担う必要はないとする立場である。この立場はプロテスタント主義の将来を閉ざすことにもつながり，近代社会を文化政治的に破滅させる分離主義に立ち，結果として脱キリスト教化を助長する人々の立場も示す[35]。さてグラーフは，新プロテスタント主義側から批判を受けた古プロテスタント主義陣営が，古プロテスタント主義概念を「プロテスタント主義の歴史を超えた規範的な概念」として再規定したと理解する。同時に，古プロテスタント主義の敬虔が，文化の発展に伴って必然的に衰退を志向するという新プロテスタント主義のパトスを伴う主張に関して，古さが時代遅れを示す意味論的規定に基づいている場合，逆に古プロテスタント主義の支持者による新プロテスタント主義に拮抗する規定として，「古いものだけが真実かつ真正でもあり得る」という主張も生じるはずだと述べる。古プロテスタント主義概念が自称として用いられる場合には，事実上は特殊であっても，自己理解に則するならば，排他的に妥当しかつ普遍的なプロテスタント主義的敬虔の具体的なかたちを表現する[36]。グラーフはこの一例としてグリュッツマハーによるトレルチの歴史上の区分を指摘する。グリュッツマハーはトレルチの古プロテスタント主義と新プロテスタント主義との歴史上の区分が，プロテスタント主義に対して，近代の進化論的な世界観を適用しているに過ぎないと看取する。この指摘に基づくならば，グリュッツマハーが進化論に基づくケースとしては成立が困難な，20世紀の古プロテスタント主義の構築を目指しているとのグラーフの主張も説得力を帯びる。また同時に，この観点に則して，グリュッツマハーが提唱した20世紀の古プロテスタント主義と対照をなす概念としての新プロテスタント主義は，ポスト・キリスト教の時代の宗教混淆という教養宗教（Bildungsreligion）への劣化であると見なされる。グラーフは教養宗

35　Idem. 同書同頁。
36　Idem. 同書同頁。

教について，キリスト教以外のギリシア・ローマやルネサンス哲学の伝統によって養われ，神の立場を奪う，自律的で人間的な支配の主体を，文化に厚い信頼をよせながら讃美することにのみ貢献すると理解する。グラーフの理解に基づくならば，古プロテスタント主義と新プロテスタント主義はプロテスタント主義における敬虔をめぐる対立の形態としては区別されず，宗教改革の義認の信仰と人文主義的文化への敬虔さとの間に存した，対立に代わる新しい概念としてのみ効力を有する[37]。グラーフに則するならば，20世紀初期のプロテスタント主義内部の宗教政治上の根本的な争いは，概して古プロテスタント主義の代表者によって一層誇張される。その際に新プロテスタント主義の支持者は教会政治的には比較的影響力の乏しい少数派の立場にあって対立の調停に関心を抱いており，教会内の多様性を正当だと見なして支持する。論争の熾烈さは，宗教あるいは教会の小冊子において，ことのほか明瞭に現れる。また，このゆえに教会の新聞や定期刊行物でなされた論争は神学史上重要な意義を有する。その理由として，この論争においてその後1920年代に生じた大学における自由主義神学に対する若い世代の神学者の闘いを特徴づける定型句がすでに見いだされる点をグラーフは指摘する。そしてこの論争の背景として，1920年代においても新プロテスタント主義概念が教会自由主義の教会政治の一つの集合概念として用いられている点をあげる。例えばG・ロストは，1920年にR・オイケンやトレルチの支持を受けて，新プロテスタント主義連盟を設立する[38]。この連盟の綱領の一節には次の文言が掲載されている。「われわれが教区を構成する人々の活発さの規準と見なすのは，斯くのごとき規定である。すなわち，祈りを欠き，瞑想と神への黙想を欠く日はなく，礼拝を欠き，すべての階層・党派の兄弟姉妹との交流を欠く日はなく，聖餐に加わらず，厳粛に反復されるキリスト教信仰と教会共同体への信仰告白を欠く年はない。しかしプロテスタントの地盤では，信仰の事柄について

---

37 Vgl. KP, SS.47–48. 同書49–50頁を参照のこと。
38 Vgl. KP, S.49. 同書51頁を参照のこと。

のいかなる強制も考えられない（略）。われわれは修道士や敬虔主義に見られるような義務を決して要求しない」[39]。この規定とは裏腹に，新プロテスタント主義の代表者たち自身は教会との絆を絶ち，もはやキリスト教固有の伝統との極僅かな結びつきしかもたない，自由な宗教性を普及させようと試みる[40]。同時に新プロテスタント主義に影響された人々は，教会内での正統主義と古プロテスタント主義の勢力の拡大に伴いますます圧迫された。19世紀から20世紀への移行期後の新プロテスタント主義の根本問題とは，変化を歓迎する新プロテスタント主義に則する運動の一部の代表者によって宣言された「教会から継承されたキリスト教的なものからの，徹底した解放に基づく社会的統合」という基本方針がさらなる議論を喚起した点にあった[41]。

■第3節　大学におけるプロテスタント主義諸概念

　本節では大学における新プロテスタント主義の具体的な立場についてグラーフの記述と併せて考察する。大学における新プロテスタント主義とは何か。グラーフはこの問いについて次のように応じる。すなわち，教義的でないキリスト教という自己理解に則するならば，新プロテスタント主義は，伝統的な教会教義と信条面での一致を目標とした当時の正統的キリスト教が行っていた教義による限定としては，本来のところ決して具体化されてはならなかったはずである。しかしキリスト教の伝統に相対する新プロテスタント主義の本来の立場からすれば，他の自由宗教や新しい宗教運動一般に対して考え得る見解の相違を際立たせるために，実のところは不本意に相違ない教義的な説明のもとで連続性が主張されざるをえなかった[42]。大学の神学部内部における新プロテスタント主義の独自性は，トレ

39　Vgl. KP, SS.49–50. 同書51頁を参照のこと。
40　Vgl. KP, S.50. 同書52頁を参照のこと。
41　Idem. 同書同頁。
42　Vgl. KP, SS.51–52. 同書53–54頁を参照のこと。

ルチとK・ゼルのテーマであった。トレルチとゼルの努力は，宗教的な改革の基本方針にとって規範的な目標概念としての新プロテスタント主義を極めて曖昧なかたちでのみ，なおキリスト教の伝統を継承している集会組織に存する敬虔に対して強調する態度に向けられた。トレルチとゼルは，このような本質的に教養ある市民層によって担われた敬虔を哲学的教養宗教，もしくは諸教派にまたがった人間性の宗教と呼んだ。トレルチとゼルはこの敬虔を，キリスト教的ではないと見なす[43]。

しかしグラーフに則するならば，学としての神学形成の水準において概念の識別能力に基づき試みられた境界づけがヴィルヘルム帝政期の敬虔史に合致した場合があったとしても，それはあくまでも部分的であるに過ぎない。このケースは概念史においてもはっきりしている。実のところ新プロテスタント主義概念は，19世紀末以降には質の異なる多様性が存した。自由主義神学の伝統に感化を受けた教会史家H・ホフマンは，1919年に次のような見解を表明した。その見解とは，近代プロテスタント主義が神学・敬虔史の観点に則するならば「福音主義的・宗教改革的要素と近代の要素との様々な融合の彩りを見せながら，宗教混淆現象の印象」を与えていると規定される。概念史的に新プロテスタント主義の宗教混淆的性格は，とくに教会内外の雑多な，部分的には明らかに対立する立場の代表者による要求の結果に生じた概念にも反映された。「権威を備えつつ，つながりを有する新しい文化の代表者たち」は啓蒙主義の伝統に対するだけに留まらず，他方で同世代の政治的自由主義のさまざまな政党へも拒否的な姿勢に立つ。ただしこれらの代表者も19世紀から20世紀への移行期の後，新プロテスタント主義概念を積極的に受容するにいたる。なぜならばこの概念には，すでに第一次世界大戦勃発以前から，反資本主義的かつ国家主義的な文化ロマン主義の内容が満ちているからである。この文化ロマン主義は近代社会において雑多な文化領域が分裂している状況を，新しい身分的かつ集団的に統一された文化を目指しての克服を意図している。グラーフ

---

43 Vgl. KP, SS.51–52. 同書54頁を参照のこと。

は，教会自由主義の伝統のこのような社会政策的イデオロギー化を背景にしてのみ，1920年代に明確に主張された自由主義的プロテスタント主義に対する神学的な批判が十全に理解できると論じる[44]。

グラーフは，新プロテスタント主義概念が第一次世界大戦前には政治的世界観へと変貌し，その規定がますます不明瞭になり，宗教的にも神学的にも曖昧になり始めたと見なす。その好例として示されるのが，ニュールンベルクの年報『ノリス(*Noris*)』である[45]。この年報の文化政策上の目標は，「教会自由主義と政治的自由主義の総合」にあるとグラーフは述べる。グラーフは，1912年に『ノリス』の編集者であるH・ペールマンがプロテスタント文化の理想(Ideal einer protestantischen Kultur)に関するアンケートを実施したと指摘する。このアンケートにはミュンヘンの宗教局議長H・ベッツェルやエアランゲン大学のルター派の神学教授A・W・フンツィンガーのようなバイエルン・ルター派の代表者と並んで，ハルナック，F・リッテルマイヤー，さらにニュールンベルクの牧師A・パウリといった自由プロテスタント主義(die freie Protestantismus)の擁護者たちも詳しい所見を寄せているという。グラーフは，ニュールンベルクの説教者M・マウレンブレッヒャーによる「文化プロテスタント主義」等の概念への批判的見解に関心を寄せる。「プロテスタント文化」が至高の世，また生の目標への相応しさを充分に備えた表現なのかどうかを問うペールマンに対して，マウレンブレッヒャーはいかなる新・プロテスタント主義(Neu-Protestantismus)または自由・プロテスタント主義(Frei-Protestantismus)に対しても断固として拒否する。その理由とはプロテスタント主義と文化との総合が，どのような形式であるにせよ，常にプロテスタント主義の含む抽象的な主観主義がより優れているとされるからである。そしてこの結論は，マウレンブレッヒャーが宣伝した近代文化に存する意志に基づいた，まことの宗教としての個人を超えた，類の未来に対す

44　Vgl. KP, SS.52–53. 同書54–55頁を参照のこと。
45　Vgl. KP, S.56. 同書58頁を参照のこと。

る結びつきという一元論的かつ社会主義的な敬虔 (monistisch-sozialistisch Frömmigkeit) が，新プロテスタント主義に内在する人格崇拝を徹底的に拒否することによってのみ基礎づけられ得る。さらにペールマンは『ノリス』の同じ巻において，自説とは全く異なるマウレンブレッヒャーのあらゆる新プロテスタント主義に対する主張が，新プロテスタント主義の敬虔の一つの形態 (eine Gestalt neu protestantischer Frömmigkeit) であると述べる。その理由としては，マウレンブレッヒャーの主張する，生成途上の人間性 (das werdende Menschentum) の背後には，プロテスタント主義的キリスト教のもっとも貴重な遺産の一部 (ein Teil vom wertvollsten Erbe protestantischen Christentums) が表され，少なくとも半プロテスタント主義 (halben Protestantismus) という観点からは，新プロテスタント主義の多様な敬虔における正当な立場を表すとの理解が正当であると考慮できるからである。このため，マウレンブレッヒャーの新プロテスタント主義は，とりわけ自由信仰の説教者によって催された成年祝福式 (Jügendweihe) のゆえにペールマンによって模範的であるとされる。「式は簡素な形式で進んだ。祝福の言葉，上品な音楽，こどもたち一人ひとりに向けたあらゆる民族や時代に由来する祝福された言葉，とりわけゲーテやシラーに由来する多くの言葉，聖書の言葉も――（略）神の名は43の格言に出てきてはいない」。グラーフは，この引用文に象徴される文書を読んでようやくバルトが『ローマ書』第2版で「頑固な文化プロテスタントのまさに恥知らずな『敬虔』について語った理由について充分に納得できるようになるだろう」と論じる[46]。

　グラーフは，以上の考察を踏まえて近代のプロテスタント主義概念に関する考察をまとめる。その際には文化プロテスタント主義概念が危機神学の中では否定的なコンテキストで扱われていた点を指摘する。グラーフに則すると，文化プロテスタント主義概念に比較するならば，新プロテスタント主義概念は1920年代の大学での神学論争の際に依然として大きな役

---

[46] Vgl. KP, SS.56–57. 同書58–59頁を参照のこと。

第2章 バルト神学とプロテスタント主義との関係の再吟味

割を果たしていた。例えば，文化プロテスタント主義概念に関しては，P・アルトハウスの1920年代および1930年代初期の著作では四度，ティリッヒは亡命前には三度，バルトの場合には1920年代の著作では二度の使用に留まる。ブルトマンの場合は第二次世界大戦後の著作から確認され始め，ゴーガルテンの場合はこの概念を1930年代始めにようやく受容した[47]。国家社会主義による権力掌握後の教会闘争の最中，この概念はドイツ的キリスト者の神学上の代表者にも，告白教会の関係者からも，論駁の対象された。このゆえにドイツ・プロテスタント協会会員であったベルリンの牧師のH・シュレンマーは，1934年に次の命題を主張した。「弁証法神学者とドイツ的キリスト者は，いかなる文化プロテスタント主義をも拒否するという点で完全に一致している。文化プロテスタント主義に代わって『自由主義』という言葉も使用されている」[48]。

シュレンマーのこの指摘とは対照的に，大学における神学者の出版物とは比べることが不可能なほど，1920年代の教会の新聞および定期刊行物は文化プロテスタント主義概念を用いている。グラーフの提示する例としては，F・テンニエスの場合が指摘される。テンニエスは1926年「ドイツ民主党」の新聞で，とくにディトマルシェンで神を認めなかった民衆が，文化プロテスタント主義の道筋においてのみシュレスヴィヒ・ホルシュタイン全域において再びキリスト教を信頼するまでの経緯を証明した。この証明は，定期刊行物『教会報・シュレスヴィヒーホルシュタイン（*Schleswig-Holsteinisches Kirchenblatt*）』において集中的な論争を招いた[49]。この指摘を踏まえるならば，文化プロテスタント主義概念は，まず教会の新聞や定期刊行物に始まった論争が次第に大学の神学部に及んだものとして理解できる。1920年代初期よりも1925年以降に神学者のテキストにおいてより多く確かめられる点もこの理解を裏付けているとグラーフは指摘する。

47　Vgl. KP, SS.59–60. 同書57–59頁を参照のこと。
48　Vgl. KP, S.61. 同書60–61頁を参照のこと。
49　Vgl. KP, S.62. 同書61頁を参照のこと。

グラーフはこの理解をさらに推し進め，文化プロテスタント主義が新プロテスタント主義を次第に駆逐した理由を次のように説明する。文化プロテスタント主義は，1920年代ではプロテスタント主義に立つ大学の神学部における論争の中では注目に値する概念ではない。むしろキリスト教との関連で幅広く討議が必要であった理想主義概念がはるかに重要であった。一方で，文化プロテスタント主義の場合は，まるでプロテスタント主義の立場に存する種々の対立を特徴づける場合に有効であるかのように用いられた。グラーフはその一例として，バルト神学とアルトハウス神学のようにパラダイムの異なる神学の対立を説明する際の原理的な前提を形成するケースをあげる。この場合，文化プロテスタント主義はバルトの神学的立脚点とは異なっているか，あるいはバルトよりも前の世代の神学者が研究の歴史的連続性を積極的に擁護しているかどうかを見極める際に使用される[50]。

　続けてグラーフは，1920年代を代表する神学者が文化プロテスタント主義をほとんど使用しない点を指摘する。グラーフの指摘する事柄は文化宗教，文化信仰，文化神学等の，文化概念を有する他の合成語の多くが同時代に余りにも多く使用されている点と顕著な対照をなす[51]。また文化プロテスタント主義概念が，大学の神学において1920年代半ばから新プロテスタント主義概念を次第に抑え込み，場合によっては部分的であるにせよ排除してしまうところにまで進展する。グラーフに依拠すると，この事態は文化概念が有する多様な意味論との関連においてのみ説明される。新プロテスタント主義が，歴史的意味内容と神学上の意味内容との間でその色合いを変えるならば，文化プロテスタント主義は，その色合いの境目が鮮やかに把握されなければならない。その理由としては，1920年代の神学における文化概念とその合成語が否定的な意味合いで用いられる程度に対応して，文化プロテスタント主義に論争的内容が含まれる点がある。こ

50　Vgl. KP, SS.63–64. 同書62–63頁を参照のこと。
51　Vgl. KP, S.63. 同書62頁を参照のこと。

第2章　バルト神学とプロテスタント主義との関係の再吟味　　　　　63

の制約の不可避性は、文化プロテスタント主義概念の置かれたコンテキストで、キリスト教からの終末論的特質の排除への非難が様々な姿で現われる場合に見いだされる[52]。

　さらに文化プロテスタント主義は1920年代および1930年代初期のプロテスタント主義神学において詳論される機会が少なくなる。他方でグラーフはゴーガルテンによる1937年の著書『審判か、懐疑か──カール・バルトに対する論駁書』において「神学的自由主義、文化プロテスタント主義、もしくは新プロテスタント主義、あるいはこれらの名称の語る事柄」について述べている点を指摘する[53]。それに基づくならば、ゴーガルテンの論述から、文化プロテスタント主義が、第一次世界大戦前のドイツのプロテスタント主義全体、もしくは19世紀ドイツ・プロテスタント主義全般に、バルトの指摘した原理的・神学的不当性に代わる、神学政治的暗号としての意味づけを果たす道筋が窺える[54]。筆者はこの道筋のより確かな理解を目指し、グラーフがこの考察の過程で引用するバルトの言葉に、その前後の文章も付記する。「限界を知る知識において、赦しと律法を知る知識が立ちまた倒れもする。この点での無知に対して、換言すれば自由主義的および実定主義的文化プロテスタント主義に対して今や逆の立場に身を置き、この逆の立場から視界に入る事例としての第三の事柄をもう一度看取しようとする態度こそ要である」[55]。バルトによれば引用されたテキスト文章の「限界」とは人間の限界としての神を指す。神概念とはこの場合「私は全てのことを新しくする」と語る、終末論的展望における「再臨し給うキリスト」と同じコンテキストで扱われる[56]。このゆえにバルトの三位一体論に立つ神理解はグラーフの引用する箇所でも窺える。

52　Vgl. KP, S.64. 同書63頁を参照のこと。
53　Vgl. KP, 同書64-65頁を参照のこと。
54　Vgl. KP, 同書65頁を参照のこと。
55　カール・バルト著、吉永正義訳「教会と文化」『カール・バルト著作集5』新教出版社、1986年、244頁。
56　同書244頁。

■ 第4節　文化プロテスタント主義の神学史上の意義

　グラーフは19世紀末から20世紀初期にいたるプロテスタント主義神学の内的な推進力をもたらした歴史上の全対立構造が一つに帰すると論じる。その例としてトレルチの自由主義的な新プロテスタント主義が文化プロテスタント主義である場合と同じく、グリュッツマハーの実定的古プロテスタント主義も概ね文化プロテスタント主義に属するとの理解を否定しない。さらには、バルトの概念使用が近代神学史を根底から脱歴史化する傾向があると指摘する。例えば近代神学史には実に多彩な歴史的立場が見られるのにも拘わらず、バウムガルテンを含む自由主義神学者の文化プロテスタント主義概念を1920年代半ばに論駁の対象にしたバルトの態度そのものが、近代神学史の脱歴史化という時代精神に基づいていたとの理解に立つ[57]。確かにシュープリングは「文化批判の神学」によって明言された宗教と文化の分離において、宗教的自覚に対する一般的文化状況の他ならない影響を看取する。グラーフに則するならば、この分離は文化の発展から生じた退廃的雰囲気の宗教的表現であり、文化プロテスタント主義概念のあまりにも行き過ぎた使用が、神学的な文化軽蔑者の中に潜在的に存する、文化への根強い依存に逆説的ながら対応する。それゆえに筆者は、文化プロテスタント主義に対する過剰な批判が、その批判に基づいた関係が否定的であるにせよ、その批判の文化プロテスタント主義への依存を意味するとのグラーフの指摘には同意する。グラーフはシュープリングの見解を踏まえながら、いわゆる弁証法神学者とは、危機を利用する者であるか、あるいは解体に関与する者であり、バルトやゴーガルテンについては、破局の神学者、没落の預言者、神学的文化悲観主義者、文化危機の神学者だ

57　KP, SS.65–66. F・W・グラーフ著、深井智朗・安酸敏眞編訳『トレルチとドイツ文化プロテスタンティズム』64–65頁。

と見なす[58]。ただし，文化プロテスタント主義は，必ずしも論争ばかりに頼ってその個別性を明らかにしようとする場合に効力を発揮するとは限らない。グラーフに則するならば，新たな反自由主義的神学による文化への制約——これは常に相対性と限定性をも意味する——が明瞭に考察される事態は，弁証法神学が文化プロテスタント主義の調停要求の特定の実現形態である点を同時に立証することも指摘する[59]。この指摘に基づくならば，1920年代の自由主義神学者の神学思惟が，半ば批判者によって要請された宗教と文化の対立に関する終末論的誇張を，新しい文化神学の表現として解釈した結果として生じたとの見方も可能である。近代文化が急速に細分化していくに連れて，文化と宗教の相違もまた顕著となる。この点を神学が解明する場合には，文化と宗教の相違を明らかにしたとしても，文化の価値を見失った者が宗教を誤解することには必ずしも繋がらないだろう。むしろこの場合，宗教に求められる統合能力は自由主義的な調停の構想の中で，時代精神に相応しくかつ独占的に教会に要求されるべきであるとの主張を可能とする[60]。筆者はグラーフのこの見解において，教会が近代国民国家による制約を超克していく世界教会的視点の萌芽を看取する。

　さらにグラーフによれば，1920年代の神学的自由主義の代表者は弁証法神学を始めとする種々の新しい神学が，新たに統合された文化を目指す構想であると理解した。この構想を具体化するために，教会には社会の種々の機関に向けた倫理的な指導をするとの要請が認められるべきである。ただしその場合には，文化プロテスタント主義概念に存する調停的・統合的性格が希薄化し，遂には消滅するであろう。その理由は，文化プロテスタント主義が，他の神学あるいは教会・文化政治的立場に比べて神学的・教会政治的綱領の自称のために有効であるだけに留まらず近代社会の基幹となる文化を細目にわたり分類するとの条件のもと，あらゆる神学の課題を

58　Vgl. KP, S.66. 同書65頁を参照のこと。
59　Idem. 同書同頁。
60　Vgl. KP, S.67. 同書66頁を参照のこと。

網羅しつつ記述しなければならないからである[61]。この点では，グラーフの文化プロテスタント主義の変容をめぐる理解は発展的な意味を有する。同時にグラーフは，弁証法神学者が定式化した自由主義神学の伝統の拒否に対する反論には，解釈学的に生産的な観察も含まれると指摘する[62]。解釈学的な観点からすれば，近代主義的文化神学と文化に批判的な神学との間に見られた，20世紀初期のドイツ語圏プロテスタント主義神学の主要な論争において，キリスト教信仰の本質をなす終末論をめぐる根本的な態度を考察する場合，キリスト教と文化との関係の是非をめぐる議論はあまり重要ではない。また弁証法神学者が自由主義神学的な大学教員から自立していくプロセスも，すでに定式化した神学的解釈モデル——その解釈モデルによれば，自由主義神学者が文化とキリスト教との調和や一致を擁護したことにより，弁証法神学者は対照的に神学の独自性と教会の自立性のためにキリスト教信仰と文化との徹底的な分離を企てざるをえなかったという図式が提起される——によっては充分には理解できない。グラーフによれば，弁証法神学者の批判は，終末論的態度というキリスト教固有の理念が，市民特有の規範と価値へと変形される道筋に向けられている。この批判はキリスト教的事柄の市民化に対する根本批判として，近代資本主義によって担われた市民社会一般の生活秩序をも対象とする。それはキリスト教が，社会政治上の距離を徹底的かつ明確に置くことを内容とする[63]。グラーフはこの指摘に立ち，神学者による文化批判が信仰と文化の分離をひらすら試みようとはしながらも，その文化批判が代替案となる固有の文化をを何ら示さないのであれば，その批判は新プロテスタント主義をめぐり1920年代を通じて行われた論争の域にも達していないと述べる[64]。さらには，文化プロテスタント主義に論争的かつ神学政治的な暗号以上の意義が要求される場合，19世紀末から20世紀初頭にかけて文化プロテスタン

61　Idem. 同書66頁。
62　Idem. 同書同頁。
63　Vgl. KP, S.68. 同書67頁を参照のこと。
64　Idem. 同書67–68頁。

ト主義を明確に規定する神学的構想の規準となる、研ぎ澄まされかつ体系的な概念構成が必要となる。この概念構成に際しては、特定の神学に含意された文化の構想をめぐるカテゴリーとの関連で導き出された比較に依拠して整えられた歴史的感受性と体系的明瞭さが求められる。グラーフは、バルト神学との関連を鑑みながら、この比較が、文化に批判的な1920年代の神学者によってはっきりと表明された新プロテスタント主義への見解をめぐる生産的かつ新しい解釈の機会となる可能性を含むと指摘する。グラーフはこの指摘に立ちながら「自由主義神学に対するバルトの批判は、とりわけ自由主義神学の、文化的に内容が富み（kultursubstantialistisch）、統合をめざす基本的な受容——例えばトレルチの文化総合のような——に対する拒絶として把握されうるだろうか。あるいはその結果、近代文化に関する多様な記述を神学的に受け入れる念入りな表現として解釈されるだろうか」[65]と問いかける。

ところでグラーフは、バルトの文化プロテスタント主義批判に関する問題提起と関連して自らの考察をまとめるにあたり、自由主義的プロテスタント主義の改変の試み以降、その種々の試みへの批判があることを否定しない。ただしその場合は、その批判が極端なものばかりではなく、正鵠を射ており、かつ内実を伴った批判が存した事実も受け入れる。筆者が考察の対象とした論文のむすびの冒頭で、グラーフは概念史的に観れば批判を免れない文化プロテスタント主義はなかったとの前提に立つ。そして文化プロテスタント主義の起源は未だ確定的には特徴づけられないながらも、推測は可能であると主張する。グラーフは、文化プロテスタント主義概念の起源を確定するために、三つの歴史的背景を整理しつつ指摘する[66]。この整理を視野に入れながら筆者がバルト神学との関連でとくに重要だと考えるのは、第一と第三の指摘である[67]。

65　Vgl. KP, SS.68–69. 同書68頁を参照のこと。
66　Vgl. KP, SS.69–73. 同書69–72頁を参照のこと。
67　第二の指摘は1870年代の文化闘争の余波が文化プロテスタント主義概念の形成に与えた影響を内容とするが本論文の主題とは直接関わりがないため深く立ち入ら

第一の指摘とは1870年から1918年まで行われたポスト・キリスト教の時代を見据えた新しい統一国家におけるドイツの市民宗教をめぐる論議である。グラーフはシュトラウス以降の時代における旧態依然とした超越信仰と，内在信仰に基づく近代主義的対応との間には原理的に調停不可能な精神的対立が存すると指摘する。そしてこの指摘に依拠して，明らかにポスト・キリスト教の時代を特質づける批判に晒されながらも教会の自由主義が，その時代を見定めている点を見出せるとする。市民的立場におけるキリスト教の代表者は，教会を土台としたキリスト教の歴史的生命力を確信していた。したがってこの代表者たちは神学と教会における伝統主義に立つ者よりも，はるかに徹底的に，キリスト教を自由主義的プロテスタント主義に変質させようとする試みと闘った。例えばE・v・ハルトマンは1874年に，あからさまな妥協において立ち振る舞う自由主義的プロテスタント主義を，キリスト教の自己崩壊として受けとめる。その結果キリスト教が市民固有の価値観念に順応したことにより，その状況を教義的観点，あるいは伝統に則した立場から鑑みて決して正統的ではないと見なす懐疑が生じた。1870年代以来続いたこの懐疑は，ドイツ社会の経済的な近代化に適合した文化的再編をめぐる論証モデルの一つとして見なすことができるだろう。とりわけ19世紀末以降は，文化保守主義や文化自由主義といった文化概念の新しい合成語が新たに作られる。それまで文化プロテスタント主義概念は，確かに文化そのものをめぐる議論との関連でも，また自由主義的プロテスタント主義に属する政治的左派市民層出身の批判者の出版物においても，確認されていなかった。しかしこの概念がすでに論じた時代状況において生じた可能性，あるいは間接的に必要とされた可能性はF・オーヴァーベックの『キリスト教と文化自由主義』によって推測される。1919年にオーヴァーベックはローマ・カトリック主義教会の近代主義を，論争的に文化カトリック主義と呼んだ。文化カトリック主義はカトリック教会内部の近代主義をめぐる論争との関連では今日までは確認で

ない。

第2章　バルト神学とプロテスタント主義との関係の再吟味　　　69

きてはいない概念であり，その限りにおいて——あるいは文化プロテスタント主義概念との類推で——プロテスタント主義の地盤で形成された可能性がある[68]。

　第三の指摘としては，厳格なルター派内部ではっきりと表明された，教会に由来する自由主義への批判である。文化プロテスタント主義とは，生来は伝統主義を志向するルター派の人々によって論争の中で形成された他称としての概念である。グラーフは1860年代から1870年代にかけて自らの推測を裏付けるプロテスタント主義概念の合成語を確認できると主張する。例えば新聞『福音主義教会新報（*Neue Evangelische Kirchenzeitung*）』紙上では，近代の文化キリスト教の世俗への信頼（Weltgläubigkeit）や世俗への順応（Weltanpassung）に対して論駁が行われるばかりではなく，徹底的な対立の果てに，「誤ったプロテスタント主義」に対する独自の概念も生じた。この場合に理解された「誤ったプロテスタント主義」とは，自由主義的な妥協のキリスト教，人間的なプロテスタント主義，退化プロテスタント主義，似非プロテスタント主義である[69]。

　ただしグラーフは，すでに第一次世界大戦前に，文化プロテスタント主義概念がルター派神学においてそれまで実証されているよりも一層頻繁に使用されたに違いないと述べる。グラーフはこの仮説を前提として，この概念の誕生と歴史に関してさらにきめ細かく叙述する場合には，19世紀末期および20世紀初期の実定的神学への立ち入った研究，ならびにルター派教会の新聞および定期刊行物の解き明かしに，特別の意義が認められるべきであると主張する。この主張に則するならば，すでに第一次世界大戦に伴って生じた神学上の大変革以前において，すでに文化プロテスタント主義概念が神学政治的闘争概念として用いられた様子を確認できる。近代の神学史において近代プロテスタント主義神学の有する内的連続性を考慮

68　KP, SS.69–71. F・W・グラーフ著，深井智朗・安酸敏眞編訳『トレルチとドイツ文化プロテスタンティズム』69–70頁。
69　Ibid., SS.72–73. 同書71–72頁。

するならば，自由主義の伝統に比較した場合，近代的傾向に批判的な伝統にますますの重要性が見出される。とりわけ文化プロテスタント主義概念史は神学の内的連続性の再構成の必要性を認識させる。その理由としては，近代主義的伝統の内在的批判がこの伝統内部の多様性や多義性を認識させるからである。

　以上の考察を，文化プロテスタント主義の多義性が近代文化の多元性に根ざすとまとめながら，グラーフは次のように結論づける。「近代文化が多元的であるならば，どうして文化プロテスタント主義が一義的でありえようか」[70]。筆者は，この指摘が近代プロテスタント主義諸概念一般にもあてはまると考える。ただしグラーフの結論は，文化プロテスタント主義あるいは近代プロテスタント主義が近代文化の多元性の枠を超え出ることができず，その多元性に還元されざるを得ない特質も示している。その点では，実存的かつ内面的な資料解釈を試みるテートと，資料に対して文献学的にアプローチするグラーフの研究手法では全く異なる視点に基づいて文化プロテスタント主義が考察されてはいるものの，結論においては文化プロテスタント主義や近代プロテスタント主義が抱える限界あるいは問題を掘り起こしている。その点に限れば両者の考究の道筋は見事に交差しているのである[71]。

70　Ibid., SS.73–77. 同書77–76頁。
71　テートはグラーフの述べる文化プロテスタント主義の課題を，政治的自由主義の観点から指摘する。「問題は，ただ，この正真正銘の多元主義的リベラリズムが，とどまるところを知らない寛大さ，無際限の相対主義と無頓着主義，したがって全き優柔不断や決断力の弱さを助長することにならないかということだけである」。H・E・テート著，宮田光雄・佐藤司郎・山崎和明訳『ヒトラー政権の共犯者，犠牲者，反対者——《第三帝国》におけるプロテスタント神学と教会の《内面史》のために』創文社，2004年，180頁を参照のこと。

■第5節　文化プロテスタント主義を軸としての
　　　　　近代プロテスタント主義の再吟味

　筆者は第4節までの考察を踏まえて，グラーフによる論文の意義と課題について論じる。まず概念史の整理をめぐりグラーフが用いる手法は膨大な資料に裏付けられており，その文献学的な精度の点では信頼性の高い論考である。その一方で，グラーフが資料分析に用いた手法はあくまで神学史・神学思惟をめぐる政治社会学的な整理と分析であり，考察の対象となる神学に解釈学的に深く立ち入るよりも，各々の関連性を網羅するところに筆を留めている点を見逃してはならない。一例をあげるならば「弁証法神学者とドイツ的キリスト者は，いかなる文化プロテスタント主義をも拒否するという点で完全に一致している。文化プロテスタント主義に代わって『自由主義』という言葉も使用されている」との記述の場合[72]あくまでも文化プロテスタント主義に対する拒否的態度という一点にグラーフの関心が絞られている。しかしながら弁証法神学者と称された神学者の群れは，指導者原理に基づく，事実上はナチスの下部組織に近かったと指摘されるドイツ的キリスト者と比較するならば，その批判の道筋はあまりにも多様であって，十把一絡げの扱いには無理がある。この問題については，芦名定道が学位論文『P.ティリッヒの宗教思想研究』において指摘している[73]。芦名はバルト，ティリッヒ，E・ヒルシュの神学思惟の特質について19世紀の自由主義神学，市民社会への批判（近代批判）という点で三者が一致している点，近代批判への背後には第一次世界大戦において露呈したキリスト教会とその神学の問題性についての意識が存する点，三者の年齢はほぼ同じであり第一次世界大戦という共通体験を有する点，三者はともに比較的年齢の若い時期からキルケゴールの思想に親しんでいたことなど，類

72　Ibid., S.61. 同書61頁。
73　芦名定道著「カイロス論と歴史解釈」『P.ティリッヒの宗教思想研究』京都大学博士学位論文，1994年，http://tillich.web.fc2.com/sub6e.PDF，2013年8月14日14時35分取得。

似の思想的背景において思想形成を行っている点を指摘する[74]。ただし芦名は三者の共通点への指摘を各々の内実への導入にするところで留めた後、バルトとティリッヒ、そしてヒルシュの辿った道筋の差異に言及する。この芦名の論旨に比べるならば、グラーフは近代文化の多元性と、文化プロテスタント主義の多元性との間に対応関係があるかのように結論づける一方で、バルトが教会の神学を前面に押し出した態度についていささか偏った評価を下している。一例をあげるならば、グラーフの見解は、バルトが教会を重んじた前提をめぐり、近代国家がともすれば疑似宗教としての力を帯び人心を操作する危険性を有する点について教会が一線を画して批判的に向き合っていた姿勢には触れていない。このようにバルトには批判的なグラーフが、シュライアマハーについては否定的なコンテキストでは扱ってはいないところは筆者には興味深い。実のところ、バルトもシュライアマハーの神学思惟に関しては多大な敬意を払っているのであり、グラーフの論考を踏まえるならば、バルトとシュライアマハーとの関係をめぐる単なる対立関係（Gegeneinander）としての理解は困難であると筆者は考える。この点を忘れずに、次章ではバルトとシュアイアマハーとの関連性について、バルトの立場から神学史的に考察を進める。

74　同書2頁。

第3章
バルト神学における
シュライアマハー受容の再吟味

■ 第1節　バルト研究者のシュライアマハー理解の課題

　第2章の問題提起と関連して，筆者は日本のバルト受容におけるシュライアマハー理解についてはバルトとシュライアマハーとの関係を対決的に理解する傾向が際立っていたと考える。その理由としては『教会教義学』第Ⅳ巻の「和解論」の邦訳が1959年から出版されたことにより，第Ⅰ巻からの日本語での通時的な読解が一般化されなかった点，あるいは戦後の日本のバルト受容に大きく貢献した小川圭治が，著書『主体と超越』において展開したシュライアマハー批評の少なからざる影響も推測できよう[1]。小川は「たしかにシュライエルマッハーにおいては，神の内在化による人間の自己絶対化だけが究極の立場になっているのではない。『絶対依存感情』としての『敬虔な自己意識』が成立するのには，先行条件としてのキリスト啓示がなくてはならない。のちのバルト神学に見られる『キリスト中心主義』とも言いうる側面が，ここには同時に存在するのである。バルトは，このようなシュライエルマッハー神学の基本的構造を，『一つの中心点をもった円の形において』よりは『二つの焦点をもった楕円の形において』理解するより他に道はないと述べている」と論じる。さらに小川は「その場合，二つの焦点をもった楕円となっているのはなにか。それは，『普遍的人間性』と『キリスト論』であり，『近代ヨーロッパ的な文化意識』と『福音主義的な神学的自己意識』であり，啓蒙思想の世俗的文化意識と宗教改革以来の教会信仰である。シュライエルマッハーは，この二つの要素の和解と原理的関連を求めて，相対立する二つの間の狭い峠に立って神学の形成を志したのである。それはたしかに，キリスト教弁証論の領域における『男らしい試み』であると言いうるであろう。しかし，そこに同時に決定的な問題がのこっているのではないのか」と問題を提起する。「バルトは，シュライエルマッハーのキリスト論に関するまとめの部分で次のように問

1　小川圭治著『主体と超越』1975年，創文社。

いかけている。『楕円の二つの焦点は、引きとめるすべもなく互いに反対の側へと接近して行く。そして客観的要素が主観的要素の中へと吸収されて、ついには必ず消失するというのを、いかにして回避しうるであろうか』。シュライエルマッハーの神学は、たしかにドイツ理想主義神学に至るまでの立場を本質的に越えており、神の内在化による人間の自己絶対化を超出しようとしている。つまり近代主観主義の自己肯定の枠内に留まっているのではない。むしろ、それを越えるものとしてのイエス・キリストの出来事の意義を明確に自覚している神学なのである。しかしながら、この神学が人間の主観的意識の対極にイエス・キリストの出来事という客観的歴史的事実を措定したとしても、その両極の双方を生かすという目標のために、その相関関係に明確な優先権と序列をつけて、均等の比重をかけようとするとき、一方は他方へと加速度的に接近、吸収されてしまうのをさけることができなくなるのである。とくにその両極におかれているものが、究極的には神と人間である場合には、この両極が均等の比重をかけて、水平レベルに等置されたならば、かならず前者の極は後者の極に吸収され喪失するのである。このような関係設定の下では、神は神でありえないのである。まさにこの点にこそシュライエルマッハーの神学の含む問題性があったのである。またこの神学が、その後一世紀にわたるプロテスタント神学の固有な原理と方法の出発点をなしたのである以上、この神学につづく自由主義神学全体が、形を変え、場面を変えて、本質的には同じ問題性を背負う結果となったのである」[2]。

　小川のこの考察において決してシュライアマハーはバルトの神学思惟との対立関係の中では理解されてはいない。むしろ小川はバルト研究者としてシュライアマハーを、近代主観主義の自己肯定を超えるものとしてのイエス・キリストの出来事の意義を明確に自覚していると評する。その点では小川の研究者としてのシュライアマハー評価は公正である。しかし問題は、とくにその両極におかれているものが、究極的には神と人間である場

---

[2] 同書66–67頁。

合には，この両極に均等の比重をかけて，水平レベルに等置されたならば，かならず前者の極は後者の極に吸収され喪失するとの理解である。このような関係設定の下では，神は神でありえない。これがシュライアマハーの神学思惟に関する主たる批評である。さらにはこの神学が，その後1世紀にわたるプロテスタント主義神学の固有な原理と方法の出発点をなす以上，自由主義神学全体が，形を変え，場面を変えて，本質的には同じ問題性を背負う結果となったとの指摘には，グラーフの概念史研究のような緻密さが欠けている。筆者は仮にバルトとシュライアマハーを対立構造の中で理解するケースがあったとしても，また相互連関の中で理解するケースがあったとしても，研究上の視点をめぐって優劣を論じることは建設的ではないと考える。とは言え日本においては小川がバルト神学研究において大きな流れをもたらした研究者であり，小川のシュライアマハー理解が一定の前提をもたらした結果，小川の意図とは無関係にバイアスがわが国の近・現代神学研究に持ち込まれてしまった可能性は否定できない。その意味で小川によるバルトのシュライアマハー受容の問題は今日では再吟味する余地がある。もちろんその再吟味とともに小川がシュライアマハーに関するバルトの姿勢を視野に入れていたかどうかについては新たに検討されなければならない。実のところバルト自身は『教会教義学』第Ⅰ巻「神の言葉論」のプロレゴメナでは，シュライアマハーの神学思惟については肯定的でさえある[3]。

　それではバルトはシュライアマハーの神学思惟についてどのように評しつつ受けとめていたのであろうか。この問いに関し，本論文ではおもにバルトの神学史的な論考を資料として考察を進める。

3　KD I/1, S.35, 吉永正義訳「神の言葉 I/1」『教会教義学』新教出版社, 1995年, 70頁。

第 3 章　バルト神学におけるシュライアマハー受容の再吟味　　　77

■ 第 2 節　バルトのシュライアマハーへの態度
　　——シュライアマハーの神学思惟に対する「対決」理解から
　　　「再解釈」理解への転換

　筆者はバルトのシュライアマハーへの畏敬の念が際立つ文献として，クリスチャンカイザー社から出版された『時の間に』1924年第5巻に掲載された『ブルンナーのシュライアマハー論』を筆頭にあげる[4]。バルトは当該文献でブルンナーの著書『神秘主義と言葉——シュライアマハーの神学におけるキリスト教信仰と近代宗教理解の対立』を批評している。当該文献を翻訳した井上良雄は，日本語版の解説ではバルトのシュライアマハー受容の理解よりもバルトとブルンナーの関係を重視する[5]。しかし筆者は，バルトのシュライアマハー受容に言及する場合は，井上の解説よりも立ち入った考察が求められると判断する。

　バルトは，ブルンナーのシュライアマハー批判の課題を「シュライアマハーの信仰論とシュライアマハーの神学とを終末論からして論駁すること」と見なす[6]。バルトは，ブルンナーがシュライアマハー批判の際に用いる主なテキストとして『宗教論』，『信仰論』，『神学通論』を列挙する。ただし，キリストの降誕を祝う家族の対話篇である『クリスマスの祝い』，そしてシュライアマハーによる説教と書簡はブルンナーの視界には存しない。バルトは，この点を疑問視しながらブルンナーによる批評への考察を進める。

　ブルンナーはシュライアマハー批判を，言葉一般の概念を用いて行う。

---

[4] Vgl. Kahl Barth, *Brunners Schleiermacherbuch*, *Zwischen den Zeiten:* Eine Zweimonatschrift, Bd.2, 1924, Nachdrück mit freundlicher Genehmigung des Chr. Kaiser Verlags München, First reprinting, 1970, Johnson Reprint Corporation, Printed in West Germany, Druck, Anton Hain KG, Meisenheim am Glan. 表記上 BS と略記する。邦訳は，カール・バルト著，井上良雄訳「ブルンナーのシュライエルマッハー論」『カール・バルト著作集4』新教出版社，1999年，30–52頁を参照のこと。

[5] 同書「解説」289–290頁。

[6] BS, S.4. 同書30頁。

この概念を，神の語る言葉として規定しシュライアマハーの感情概念を神秘主義的と見なす点が，ブルンナーのシュライアマハー批判の中心をなす。バルトに則するならば，ブルンナーがシュライアマハーのもとで見出す事柄とは，全線にわたって言葉ではなく神秘主義である。ブルンナーがシュライアマハー批判で用いる神秘主義とは，終末論を抑圧し，天を地上において享受しようとする試みであり，そして同時に，死の限界のこちら側での実在の神学，つまり，栄光ノ神学（theologia gloriae）を可能にしようとする試みである。バルトによれば，ブルンナーの当該著作執筆の動機とはシュライアマハーの神学思惟を記述するためではなく，シュライアマハーとの争いである。バルトはこの動機に示された行為はブルンナーのなすべき事柄ではないと批判する[7]。

筆者は，バルトの批判をここで今一度整理する。バルトは，ブルンナーにはバルトを含めた同時代の神学者にとって，シュライアマハーとはごく僅かな程度に歴史的であるに過ぎないと指摘する。しかしその実は19世紀に形成された比類のない学統のゆえにも，また本来的な天才としても，プロテスタント神学の教導者ナル精神（spiritus rector）として「われわれの只中に」生きていると述べる。さらには，ブルンナーが19世紀の神学者であるシュライアマハーと，あたかも同時代人であるかのように議論する姿勢にもバルトは批判する[8]。バルトは，ブルンナーがシュライアマハー理解の方法論への不一致により，表向きには婉曲にブルンナーの主張を遠ざける。筆者は，ブルンナーのシュライアマハー批判の方法論に潜む恣意性がたやすく見逃されかねない事態を，バルトが見抜いていたと考える。

次にバルトの批判は，ブルンナーがバルトの神学的立場を代弁していると述べる点に向けられる。バルトに則するならば，ブルンナー自身はバルトやゴーガルテンよりもはるかに的確にシュライアマハーを批判できると主張する。バルトはこの主張に対して，ブルンナー自身がシュライアマ

7　Ibid., S.51. 同書33頁。
8　Ibid., SS.51–52. 同書33–34頁。

ハーへの師事を行わないと意志表明する理由を，論理的な明晰さとともに語らなければならなかったと述べる。

　それならばバルトは，ブルンナーのシュライアマハー批判の不当性についてどのように論証するのであろうか。バルトは，ブルンナーが批判の対象たるシュライアマハーのテキストに存する落ち着いた体系性を前に，もっと控えめで洗練された，内在的な批判をしなかった態度を遺憾だと論じる。そして，ブルンナーの文書の表題に着目して「神秘主義と言葉」という告発的な表題をつけるよりも，単純に「シュライアマハー」とした上で，シュライアマハーを幅広く多岐にわたる人物として単純にそのまま発言させ，シュライアマハー自身のコンテキストで事柄を基礎づけ反駁させるべきであったと評する[9]。バルトはこの批評に立ち，ブルンナー批判をさらに三点に分けて詳論する。

　第一には，ブルンナーがシュライアマハーのテキストに一層慎重に関わっていたならば，シュライアマハーに関する論考は，ブルンナーの描写よりもさらに豊かで複雑になっていたに相違なかった。反対に，ブルンナーがまとめたシュライアマハーの神学全体は神秘主義であるとの定式が正しかったならば，神学が19世紀全体を貫いてシュライアマハーの遺産を通じ，その命脈をいかにして保ち得たかは理解できない。バルトに則するならばシュライアマハーの強い神学的動機とは，近代的世界におけるキリスト教の弁証論的な動機である。それは神秘主義とは何の関わりもない。むしろシュライアマハーは根本的には神秘主義者と言うよりも倫理学者，新プロテスタント主義的・活動主義的倫理学者を代表していたのであり，ブルンナーの闘争的な姿勢はシュライアマハー理解の赦されざる単純化につながった[10]。

　第二には，あまりにも単純な道筋で，ブルンナーが自らの歴史的な立場を展開しながらシュライアマハー批判を試みた点に，バルトの批判は向け

9　Idem. 同書37頁。
10　Ibid., S.58. 同書41頁。

られる。バルトが問うのは，ブルンナーがプラトン，パウロ，ルター，カルヴァン，カント，キルケゴールの背後に立つ神学や哲学を，あまりにも安易に聖書的・宗教改革的思惟概念を用いて総括し，シュライアマハー批判のために神学的考察の中に編み入れた点である。例としては，新カント派的に方向づけられた研究者が高く評価したシュライアマハーのプラトン研究について，ブルンナーは充分には考察していない[11]。バルトに則するならば，ブルンナーはそのような「父祖たちの声」を，教会の教説としての神学的な交わりをめぐる意味深くかつ批判的な標準をもたない限り，自分自身の手段か直接的に自らの聖書注釈によってシュライアマハー批判を意義あるものにしなければならなかった。しかし実際には，この聖書的・宗教改革的思惟概念を引用しながら，ブルンナーによる批判は展開される。この手法はバルトには許容しがたい。むしろバルトは，ブルンナーがシュライアマハーを堅く手放さずにシュライアマハー自身に照らして測り，シュライアマハー自らを通して止揚していたならば，その批判点を神秘主義にではなく終末論に絞り込んで，シュライアマハー神学に存する本来の課題を明快に証明できた可能性を示唆する[12]。

　そして第三に，バルトはブルンナーのシュライアマハー批判の問題点の指摘をH・ショルツのシュライアマハー論の引用に依拠して始める。その中でもシュライアマハーの業績は「ただ，それに相応する反対の業績を通してだけ，その現にある状態において脅かされることができるだけであって，個々の鋭い批判によっては脅かされない」との一節を強調する。プロテスタント主義が宗教改革以来，シュライアマハーよりも偉大な者がいなかったとの事実を否定する試みは想像に難い。これは自由主義神学だけではなく，神学的な意味での保守派もまた「シュライアマハーのパンで養われ生きてきたし，今日も生きている」という言葉に明らかなように，その重要性は狭義の学統を超えたスケールを有するものとして扱われる。バ

11　Ibid., S.59. 同書42頁。
12　Ibid., S.61. 同書44頁。

ルトにとって，シュライアマハーの神学は，過去に向っても決して偶然的な孤立した謬説として立ってはいない。むしろバルトは，少なくともここ二百年の神学思惟の流れが宿命的な必然性をもって合流しつつ落ちてくる「ナイアガラの滝（der Niagara）」とまで表現する[13]。筆者はこの表現を根拠として，1920年代において弁証法神学者の一員であると見なされた時期のバルトでさえ，シュライアマハーを高く評価し畏敬していたと考える。ブルンナーによるシュライアマハーへの批判は，バルトには宗教改革的な真理の歴史的な力を信じる信仰，さらには神的摂理とキリスト教会に対する神の導きの支配を信じる信仰における誤りとして映る。このゆえにバルトはブルンナーの批判とは対照的な態度に立つ。すなわち，シュライアマハーを除去しながら問題を解決する「否」を目的とした，より優れた「然り」があるならば，その深さとエネルギーにおいて，まことに，宗教改革そのものと比較しても見劣りしない神学的な改革から構成されなければならない[14]。

　以上の考究に基づいて筆者は，バルトがシュライアマハーの神学の課題として終末論を指摘している点には井上に合意する。ただし，自らの指摘そのものについては抑制した姿勢で臨んでいる点に，井上の指摘とは異なったバルトの姿勢を見出す。筆者は，井上が関心を寄せたバルトとブルンナーとの直接的な関係よりも，バルトのブルンナーに対する批判がシュライアマハーに対する畏敬の念の表れとしても解釈できる点にその特質を観る。

　それでは小川が問題視したシュライアマハーのキリスト論に関するバルトの見解とは実のところどのようなものであろうか。筆者はこの考察を行うにあたりまずシュライアマハー神学を概観する。その資料として，1947年に出版された『十九世紀のプロテスタント神学』でのシュライアマハー

13　Ibid., S.46. 同書46頁。
14　Ibid., S.59. 同書49頁。

をめぐる論述を用いる[15]。

　バルトは当該著作でシュライアマハーのキリスト論を考察する際に『宗教論』第2版，『信仰論』第3項，第4項，『クリスマスの祝い』を用いる[16]。そしてシュライアマハー神学の特徴を述べる際に『宗教論』において直観と感情という二重の概念で表現された事柄が[17]『信仰論』において一層拡大された感情概念によって表された[18]と理解する。バルトに則するならば，この感情に「触発するもの」と「人間の絶対依存性の由来」が措定されている[19]。感情は，そのものとしては，知識と行為の中間に存することを通じて，本来的な自己意識として理解される。この自己意識は真理を人間の主観に基づいて表現する。さらに，敬虔さという感情は「人間の絶対依存の感情」，

15　Karl Barth, *Die protestantiche Theologie im 19. Jahrhundert.* カール・バルト著，安酸敏眞・佐藤貴史・濱崎雅孝訳「十九世紀のプロテスタント神学　下　第二部　歴史」『カール・バルト著作集13』。ドイツ語原書は，脚注表記上PTと略する。

16　筆者がバルトの引用するテキストを確認するために用いたシュライアマハーの著作について，『宗教論』は，ドイツ語原文として，Friedrich Schleiermacher, *Über die Religion: Reden an die Gebildeten unter ihren Verächtern 1799/1806/1821*, Studienausgabe, Hg. Von Niklaus Peter, Frank Bestebreurtje und Anna Büchsching, Theologischer Verlag Zürich, 2012. 邦訳は，高橋英夫訳『宗教論――宗教を軽んずる教養人への講話』筑摩書房，1991年。深井智朗訳『宗教について――宗教を侮蔑する教養人のための講話』春秋社，2013年を参照。ドイツ語原典はÜRと略記する。『信仰論』は，ドイツ語原文として，Friedrich Daniel Ernst Schleiermacher, *Der christlicher Glaube, nach den Grundsätzen der evangelischen Kirche im Zusammenhange dargestellt, Zweite Auflage (1830/31)*, Teilband 1, Herausgegeben von Rolf Schäfer, Walter de Gruzter, Berlin, NewYork, 2003. Friedrich Daniel Ernst Schleiermacher, *Der christlicher Glaube, nach den Grundsätzen der evangelischen Kirche im Zusammenhange dargestellt, Zweite Auflage (1830/31)*, Teilband 2, Herausgegeben von Rolf Schäfer, Walter de Gruzter, Berlin, NewYork, 2003 を使用。なお，『信仰論』については，シュライアマハー研究の慣例に則し，1830/31年版はKGA I.13,1, KGA I.13, 2と表記。『クリスマスの祝い』は，英語訳のFriedrich Schleiermacher, *Chrismas Eve: Dialogue on the Incarnation*, Translated by Terrence N. Tice, The Edwin Mellen Press, Ltd. Lamperter, Dyfed, Wales, United Kindom, 1990. 邦訳には，松井睦訳『シュライエルマッハーのクリスマス』ヨベル新書5，ヨベル，2010年を参照した。

17　ÜR, S.45.

18　KGA I.13,1, SS.19–40.

19　PT, SS.405–406. カール・バルト著，安酸敏眞・佐藤貴史・濱崎雅孝訳「十九世紀のプロテスタント神学　下　第二部　歴史」『カール・バルト著作集13』47頁。

第3章 バルト神学におけるシュライアマハー受容の再吟味

すなわち神との関係を示す特別な感情を意味する。バルトはこの特質のゆえに，シュライアマハーの神学を敬虔な感情の神学，または敬虔な自己意識の神学と規定する[20]。その上でシュライアマハーが敬虔さを，神を宣教するわざを産み出す感情として意味づけたと理解する。この敬虔概念の場合，宣教されるべき事柄が，ある感情の規定された状態であることから，シュライアマハーにおけるキリスト教の諸信仰の最も重要な命題は，キリスト教の敬虔な心情状態の理解を言語で表現した事柄だと言える。換言すると，シュライアマハーの規定する神学は，単なる人間的な言葉であり，それも描写教訓的な人間的な言葉であるとの理由によってすでに自由であり，変わりうるものである。それゆえに相対的であり拘束力を持たない。この命題の主要な特質をあげるならば，命題として対象からは拘束されない点である[21]。バルトによれば，シュライアマハーの規定する神学は神学的言表が人間的な知識や行為の対象と関連する度合いに応じてその厳格さを失う点を特質とする。その理由はこの言表が客観性を帯びる程度に応じて次第に不適切となる点にある。その結果，本来は表現しがたい真理としての敬虔な感情が損なわれる。バルトによれば，シュライアマハーの神学に存するこの特質は『信仰論』の方法上の特殊的教説の前提である。バルトはこの前提を踏まえてシュライアマハーの神学における教義学的命題における三つの形式の教説について『信仰論』第30項に則しつつ論じる[22]。

バルトによれば，シュライアマハーの場合，教義学的命題とは，人間の心情の状態の記述，あるいは神の属性および行為様式の諸概念，または世界の状態についての言表のいずれかである。その命題において絶対依存の感情はそのものとして孤立しているのではなく，時間を充たす意識としても感覚的意識と結びつく。それゆえ絶対依存の感情そのものに対する諸形式は，自己意識の一定の状態に対する人間の一定の心情の状態に関する形

20　Ibid., S.406. 同書47–48頁。
21　Ibid., S.406. 同書47–48頁。
22　Ibid., S.407. 同書49頁。バルトが引用したシュライアマハーのテキストは，KGA I.13,1, SS.193–197.

式でなければならない。この場合，自己意識の感覚的形式はその時間的契機を示す外部として世界の一定の形態と関連していなければならない。このゆえに絶対依存の感情は，即自的かつ対自的には自己意識の中に神がともに措定されていなければ現存しない。同時に，絶対依存の感情の形式は，同時に神に対する形式としても理解できる[23]。バルトは，敬虔な自己意識概念に自らの解釈を加えて，敬虔な自己意識を知的に反省することにより，敬虔な心情の状態そのものについての言表が生じると理解する。以上のバルトの理解をまとめるならば，シュライアマハーの神学は，敬虔な自己意識の反省から，敬虔な心情の状態そのものの表現と，世界についての表現，さらには，神をめぐる表現が生じるとの特質を有すると言える[24]。

■第3節　シュライアマハー神学とバルト神学の分水嶺としてのキリスト論

　筆者が第3章第2節で考察したように，バルトはシュライアマハー神学の特質を踏まえ，彼のキリスト論に関する叙述を三つの観点に基づいて試みる。

　第一に，バルトはキリスト教の敬虔な自己意識こそがシュライアマハーの神学の形式的原理であり，かつ実質的原理でもある点を強調する。敬虔な自己意識とは意識の外にある他のものと，自らとを区別した結果に生じる，相対的緊張を調停するわざにおいて実質的な効力を発揮する。この弁証法では限りある自己意識の中には純粋な同一性は存在しない。しかしながらシュライアマハーは神学者である以上，神学が二つの実質的なモティーフとしての神と人間，あるいは人間と神について語らなければならない一線を譲らなかった。そこでかつては宗教改革的神学が福音，あるいは神の言葉，またはキリストを述べていたその箇所で，19世紀において

23　PT, SS.407–408. 同書49–50頁。
24　Ibid., S.408. 同書50頁。

は宗教や敬虔が用いられる点を踏まえ，シュライアマハーは人間を基盤に据えて思惟を開始する。その意味では宗教改革者とシュライアマハーのモティーフの順序は逆転する。ただしその差異は，シュライアマハーが宗教改革者を第一のモティーフとした事柄を知らなかった点を示してはいない[25]。

　第二にバルトは，シュライアマハーが神と人間という二つの神学的な根本モティーフに不可避な二元論の承認を通じて三位一体論的・神学的思惟に入る道筋を，決して見逃してはならないとする[26]。バルトによれば三位一体論的思惟は少なくとも次の二点で神をめぐる思惟を受け入れることを要求する。第一には人間を超えて神の行為が注目され，第二には神を超えて人間の行為が問われる。神学とは，神をめぐり人間に語られる父の言葉として認め，さらには人間にその言葉を聴きとらせる父なる神と御言葉の霊として承認するとの規定がバルトの場合には不可欠である。しかしながら，人間が神を対象化し，その上で単に神概念をわがものとする行為は論外である。なぜならば，もし神を対象化する道筋を辿るならば，神の行為をめぐって経験を交えない教説に接近するに連れて，神学は自らを形而上学へと変容させるからである。そもそも神の行為に関する教説とは，神の言葉をめぐる経験を無視した教説ではあり得ない。バルトはこの規定に堅く立つ。すなわち人間の行為が問われる神的思惟であったとしても，それが直ちに神の霊に関する経験を交えない教説として理解する道は閉ざされている。神の御子の霊に関する教説が三位一体論の前提に立つならば，神の言葉が人間に授けられるとの神的現実の一面と結びついた，神の言葉そのものの想起を生ぜしめる。さらには神の言葉が聴き取られる場として機能する神的現実としての聖霊も同時に想起される。バルトに則するならば，宗教改革者は神の言葉の教説を，信仰との相関関係における聖霊のわ

25　Ibid., SS.409–410. 同書52-53頁。
26　Ibid., S.410. 同書53頁。

ざとして理解し，その神学思惟を推し進めるにいたった[27]。

　第三に，バルトはシュライアマハーがこの宗教改革的順序を逆転させたと論じる[28]。バルトによれば，シュライアマハーが関心を抱く事柄とは神に対する人間の行為への問いである。ただし，バルトはシュライアマハーの神学の特質について，この関心によって最初から彼に不服を唱えてはならないとする。そしてこの逆転を通じ，必ずしもシュライアマハーが神なしの人間へと関心を推移させてはいないと理解する。なぜならばこの推移とは，神と直面している人間，神の行為との対比における人間を意味することも可能だからである。この思惟を辿るならば，シュライアマハーのいわゆる意識神学が打ち立てた神学思惟は，聖霊の神学そのものとして，神から恵みを与えられた人間の教説に発展する可能性も含む。そのように意図されていた可能性が実現しなかったと仮定しても，シュライアマハーが自らの神学思惟本来の中心としての人間と並び，第二の中心としての神を非凡なまでに熟知しており，自身の神学思惟に編み込もうとする意図は明らかだと解釈する。この解釈を通じて，バルトはシュライアマハーも原理的には三位一体論的思惟を辿ると主張する[29]。とりわけバルトが注目する事柄とは，シュライアマハーが三位一体論に基づき，第二の中心として扱うロゴスの神性を，単に本来の中心として規定するだけに留まるのか，それともシュライアマハーが「本来的な中心」と称する，聖霊の神性と等しく承認できる場にシュライアマハー自らが立つのかという神学的態度である。バルトは次の点を指摘する。それは自己意識から出発する神学を逆転させたロゴスから始まる宗教改革の神学が，神学固有の特質を何も損ねてはいない点である。神学は一般に御言葉の神学として信仰の神学であると理解される度合いに応じて，聖霊の神学としての性格を帯びるにいたる。これは同時に神学の中心が神的な言葉であることをも証明する。その上で

27　Ibid., SS.410–411. 同書53–54頁。
28　Ibid., SS.411. 同書54頁。
29　Ibid., SS.411–412. 同書54–55頁。

第3章　バルト神学におけるシュライアマハー受容の再吟味　　　　87

　バルトは，シュライアマハーの神学が宗教改革の神学とは正反対から始まるのにも拘らず，実際は，神学的に正当な道筋を辿る点が証明される可能性を示唆する問いをも提起する[30]。

　この問いに基づく考察に臨んでバルトは二種類の前提を措定する。バルトはシュライアマハーが三位一体論的思惟を第二のモティーフとしながらも，決して忘れてはいないという態度を認める。しかしながら三位一体論的思惟はシュライアマハーには間違いなく当惑，憂慮，特別な労苦をもたらす。バルトはシュライアマハーの『クリスマスの祝い』，『宗教論』，『信仰論』，『説教集』といった著作で誤認してはならない事柄があると指摘する。それは宗教における歴史的かつ客観的なモティーフである主イエスが，神学者にとっては悩みと心配の種になる子であるとの論調である[31]。

　バルトに則するならば，シュライアマハーは第一に弁証家として，近代的人間の意識の意味づけを免れているとの前提に立ち，聖書的ならびに教義的伝承のキリスト像を加工しなければならない。この課題をシュライアマハーは次の方法で克服しようと試みる。一方では近代化されたキリスト論への着手と完成，他方ではこのキリスト論の不可欠性の証明である。ただしバルトによれば，その場合には宗教改革者における霊の神性と同じく，シュライアマハーの神学においてロゴスの神性が明瞭に前提されていたかどうか，そして逆に前提されてはいなかったと仮定するならば，このコンテキストで中心を形成するように映る霊の神性が，果たしてまことに聖霊の神性であったのかどうかが問われるべきである[32]。

　そして第二にバルトは，原則として承認された三位一体論的思惟によって与えられる諸問題を克服するために用いたシュライアマハーの手段が「調停の原理」だと主張する[33]。バルトはこの原理の不可避性の理由として，シュライアマハーの課題においては人間の自己意識と三位一体論とが，あ

30　Ibid., S.412. 同書55–56頁。
31　Ibid., SS.412–413. 同書56頁。
32　Ibid., SS.413–414. 同書56–58頁。
33　Ibid., S.414. 同書58頁。

たかも宗教改革の神学における御言葉の受肉と聖霊の注ぎのように相互に関係しつつも厳格に差異をなす点を指摘する。バルトはこの指摘に基づいてさらに詳しく述べる。この場合では神性そのものの第二の位格であるキリストと，第三の位格である聖霊との緊張関係が示される[34]。二つの位格は神的啓示の契機として厳格に特徴づけられ，一方の契機は他方の契機との相関により人間的認識の様態と取り換えられないように守られている。ただしシュライアマハーはこの対立を放置しなかった。この理由をめぐり，この二つの契機を啓示として厳密に特徴づける企てや人間的認識の様態と取り換えられないようにする意図が，シュライアマハーの神学の特質には皆無であった点をバルトは指摘する。シュライアマハーには，何を差し置いても啓示を人間的認識としても理解することが重要であり，人間の自己意識と三位一体論の関係も，人間的認識の様態として理解すべき事柄であった。したがって人間の自己意識と三位一体論の対立とは，調停の原理によって克服されなければならなかった。バルトのシュライアマハー理解に沿うならば，信仰とキリストが体験と歴史に等値されて楕円の焦点として立証されることを通じ，神に対する人間のキリスト教的関係が，理にかなった人間的可能性となる。バルトはこのシュライアマハーの神学の特質を，必ずしも肯定的には評価しない[35]。ただしこの論述ばかりに気をとられ，バルトのシュライアマハー理解の考察を押し留めるならば，井上や小川のシュライアマハー理解の課題は克服できない。このゆえに筆者はバルトによるシュライアマハー神学の理解をめぐる考察を今少し子細に辿る。

　第一に，バルトはシュライアマハーによる二つのモティーフの関係を楕円のイメージに基づいて理解し，この楕円には円になる傾向があると見なす。バルトによるこの主張の根拠は，シュライアマハーの神学思惟において，第一の焦点たる人間の自己意識が，三位一体論に比較した場合，明らかに強調されている点に存する。シュライアマハーがキリストとキリスト

34　Idem. 同書同頁。
35　Ibid., S.415. 同書59頁。

者，そしてこの両者の相互関係について語る際には，シュライアマハーは前者と後者のいずれについても眼前には据えてはいない。むしろシュライアマハーは両者を包括する概念を視野に定めている。バルトによればその概念とは全体的生，人類，そして人間的本性の歴史である[36]。バルトの主張を詳しく辿るならば，歴史において重要な事柄とは人間的本性の救済である。この救済概念において重要な事柄は，人間的本性の高次の生の促進，そして曇りある神意識としての感覚性から明晰で力強い神意識としての精神性にいたる漸進的上昇である。この高次の生の促進，また漸進的上昇とは，人間本来の力に基づいた神意識への接近であり，この状態が敬虔である。そしてこの神意識への接近がキリストによって惹起されたのであれば，キリスト教的敬虔は非のうちどころのない敬虔を意味する[37]。バルトに則するならば，シュライアマハーの神学におけるキリストの尊厳とは，キリストの自己意識の中に措定された，絶対的に力強く，全ての罪を排除する神意識に存している。敬虔な自己意識がキリスト教的意識であることは，この自己意識がキリストに関連づけられた結果生じた意識である。同時に，キリストにおいて本来的かつ完全な形態であり，現実的でもある事柄は，この敬虔な自己意識にも漸進的に分け与えられる。この事柄とはキリストの救済である。シュライアマハーの場合，救済とはキリスト者の高次の人間的生である。この高次の生とは創造によってではなく，アダムにおいてでもなく，むしろ創造を完成しながら，それに冠をかぶせつつ (krönend) キリストにおいて始められた[38]。そしてさらにこの高次の生は，キリスト者共同体の中では刺激として，また運動 (Bewegung) として，キリストの霊に由来する生命として，キリスト者にもたらされる。この論述の過程で，バルトは心理学的な契機に対する歴史的契機の優位を主張する。しかし彼は同時に次のような疑問も提起する。すなわち，あたかもキ

36　Ibid., S.416. 同書60頁。
37　Idem. 同書60–61頁。
38　Ibid., S.416. 同書61頁。

リスト論が，より大きな円であるキリスト者の内部における，より狭い円にすぎないかのように，全体は「神的恩寵を意識する限りにおいてのキリスト者の状態について」という表題のもとで要約される可能性に歯止めをかけることはできないのではないかとの問いである。例えばバルトは，シュライアマハーには人間の生の高揚が主たる関心事であり，キリストの形姿とは歴史の中に後ろ向きに投影された原初的な光の反射光に留まる，単なる象徴ではないだろうかと問う[39]。さらにバルトはシュライアマハー著書『クリスマスの祝い』で提起された問いにも注目する。それはキリストの形姿が人間の自己意識の中で生起するような，神と人間の統一の後で事後的に発見された歴史的出発点とは異なる何かではないのかとの問いである[40]。バルトはこの二つの問いに関する共通の事柄を指摘する。それは，シュライアマハーの神学思惟では三位一体論と人間の自己意識との区別は相対的でありかつ流動的（eine fließende）な点である。この共通点を踏まえるならば，楕円の二つの焦点がその真中に位置することも含め，それぞれ定点に留まる可能性の想定は困難である。なぜならばこの楕円の焦点である三位一体論と人間の自己意識の区別は，決して静止しないからである。この点では筆者とバルトの楕円のイメージをめぐる見解には差異が生じる。ただしバルトもまた，この区別に存する流動性の中で，存在と当為，受領と付与，継続と開始というような種々の対立が調停されている点を指摘してはいる[41]。

　第二に，キリストはシュライアマハーの神学思惟において高次の生を

39　Ibid., SS.416–417. 同書61頁。
40　Ibid., S.417. 同書62頁。なおバルトはこの一文を用いるに際し，直接『クリスマスの祝い』の登場人物の台詞から引用しているとは考えにくいが，類似した発言をする人物として，シュライアマハーの当該作品の終盤，Josephが登場する直前のEduardの文言があげられるだろう。Friedrich Schleiermacher, *Chrismas Eve: Dialogue on the Incarnation*, Translated by Terrence N. Tice, The Edwin Mellen Press, Ltd. Lamperter, Dyfed, Wales, United Kindom, 1990. pp.83–84.
41　PT, S.417. カール・バルト著，安酸敏眞・佐藤貴史・濱崎雅孝訳「十九世紀のプロテスタント神学　下　第二部　歴史」『カール・バルト著作集13』62頁。

惹起するかぎり啓示者であり，かつ救済者である[42]。バルトはこの惹起（Bewirken）概念を追究する必要を指摘する。なぜならば，シュライアマハーの場合，この概念の中で，原因としてのキリストは，結果としての人間の高次の生から区別されているからである。高次の生とは人間存在の発展を意味し，この人間存在は概念および直観として，人間の存在意識ならびに自己意識の内に生じる。この自己意識は敬虔な自己意識として規定されており，したがって人間の敬虔の発展が生じる。そのかぎりキリストは敬虔の原因として理解されなければならない。

シュライアマハーによれば，この敬虔の原因とは絶対依存の感情である[43]。この感情は神に人間を関係づける意識と同一である。『信仰論』第4項によると[44]，人間は世界に対して相対的に自由であり，なおかつ依存している。同時に，世界そのものとは異なる，ある他者に対して自分自身が絶対的に依存していると感じるならば，人間は敬虔であり，神に対する自らの関係を意識している。しかし感情は知識とは異なり，そのものとしては対象を有さず，対向者や対象を論じる際の言辞である「それに対して（dem gegenüber）」を用いては概念本来の意味で語ることはできない。シュライアマハーの場合，神とは対象ではなく感情における共同規定要因を意味する。その限り，原因としての神は，結果としての特質を有する感情においてのみ与えられている。それゆえ，神をめぐる意識において神概念は感情の内部に閉じ込められた状態で存する。人間の現存在が由来する神の存在は，そのものとしては直接的な人間の認識の対象ではない。シュライアマハーの神学に基づくならば，神の存在とは神の原初的な啓示と同一視される[45]。

以上のようにバルトはシュライアマハーの神学思惟の特質を考察した

42　Ibid., S.418. 同書63–64頁。
43　Idem. 同書63頁。
44　KGA I. 13,1, SS.32–40.
45　PT, S.418. カール・バルト著，安酸敏眞・佐藤貴史・濱崎雅孝訳『十九世紀のプロテスタント神学　下　第二部　歴史』『カール・バルト著作集13』63–64頁。

結果，キリスト論を論じる際には二つの選択肢が生じるとの見解にいたる[46]。第一には，神が問題となったその箇所でキリストを扱うことが要求されている。その場合は，キリストという言辞によって，人間の現存在の対象ではなく，感情から一線を画せない現存在の由来が理解されなくてはならない。シュライアマハーに基づくならば，人間はキリストには対象としては絶対的には依存していない。その点を踏まえるならば，人間はキリストに神としては関わってはいない。むしろキリストは敬虔な感情を規定する源としての，感情における他者そのものである[47]。この場合キリストについての語りとは，人間の感情そのものについての語りである。このゆえにキリストとは自己意識がその力によって神意識になる，神の所与的存在と同一である。それゆえキリストの神性を理解する場合に，キリストと，神意識になりつつある自己意識としての敬虔な感情との区別は，バルトには不可能だと映る[48]。

次にバルトは，シュライアマハーの神学思惟におけるキリスト論の第二の選択肢として，キリストを世の全ての場で対象的なものとして理解する道筋を指摘する。キリストを敬虔な感情から区別することにより，キリストを無時間的な原啓示と一致させる道筋ではなく，その歴史的個別性を認めつつ，この個別性において敬虔な感情の時間的関係点として考える路線が，シュライアマハーには備えられている。その場合にはキリストにおいて，人間が相対的自由とともに相対的依存性の中で向き合うものの総体としての世界に属している事態が示される。このように，シュライアマハーの神学思惟では，たとえキリストが世界の内部における最高点であったとしても，キリストの神性の可能性は否定される。むしろキリストは，人類そのものにおける神の力の比類ない頂点であり比較を絶する神の力の刺激者（Anreger）である。キリストが刺激する可能性と他のものが刺激される

46　Idem. 同書64頁。この選択肢は，「板挟み」であるDilemmaと表記される。
47　Ibid., S.419. 同書64–65頁。
48　Idem. 同書65頁。

可能性という，これら二つの可能性は，キリスト自らの内部にではなく，神意識と神所有という，隠されてはいながらも（verborgenen）より高次の事柄に根拠を有する。そしてこの時にキリストは，究極的にはその担い手として他の人間と等値されて存する[49]。

　この神学思惟の道筋において，バルトはシュライアマハーが第二の選択肢を選んだと理解する。確かにシュライアマハーは，経験を交えない純粋かつ思弁的なキリスト論を放棄した。ただしシュライアマハーはこの放棄とともに宗教概念についてキリストの神性も取り去った。この観点に依拠する場合，キリストとキリスト者のはっきりした対置は困難である。シュライアマハーの場合では，キリストとキリスト者との対立は究極的な対立にはいたらない。キリストとキリスト者との統一が措定されるべき場所とは，キリストではなくキリスト者である。このゆえにシュライアマハーにおいては，キリスト者がキリストに向ける眼差しは原則として回顧となる。この回顧概念と惹起概念を原因と結果の関係を示す関係概念として理解するならば，シュライアマハーの調停原理を前提とした神学思惟では，キリストのキリスト者に対する優位は意図されていたとしても，あらゆる手を尽した厳密さをもっては遂行されていない[50]。これがバルトによって概観されたシュライアマハーの神学の特質である。

　さて筆者は，これより『十九世紀のプロテスタント神学』でのシュライアマハーに関する結論を考察する。バルトによれば，シュライアマハーの場合，キリスト者に対してキリストを際立たせている点とは，キリストがキリスト教全体の原因ないし原型であるとの特質である[51]。キリストは，キリスト教という宗教の個性化の原理だけでなく力としての役割も有する。そして宗教は，自然，歴史，社会，あるいは内面生活という領域の中で，把握が困難な要因を伴いながら個別的に抽象化された直観をもって始

49　Idem. 同書同頁。
50　Ibid., SS.419–420. 同書65–66頁。
51　Ibid., S.420. 同書66頁。

まる[52]。宗教はこの場合に常に実定的宗教（positive Religion）として存する。この点に基づいてキリスト教は『信仰論』第10項に依拠しながらキリストから出発した衝撃（Impuls）を通じて色彩と音色，歴史的広がりと存在の可能性を受けとる[53]。この衝撃において宗教は現実にはキリスト教宗教として存する。キリスト教宗教としての内実は，宗教の最高の段階における救済意識として規定された絶対依存の感情である[54]。啓示としてのキリストは宗教における個別化に伴う一要素であり，その限りにおいて効果を及ぼし，その個別化を実現する。啓示はその特質からして個人の感情を刺激し，それは他者へと伝わる。この伝達の道筋は宗教的個人主義から宗教の類型，宗教共同体，ついには教会を生ぜしめる。この経緯において支配的であり，他者全てに感銘を及ぼす霊の後続作用により効果を発揮する個人こそが，まさしくキリストである[55]。

　同時にシュライアマハーにとってキリスト教とは，あくまで実定的宗教であり啓示の宗教である。この実定性と啓示としての特質は，キリストの現象とこの現象に続くキリストの個体性（Individualität）の中で規定される。キリストは原像（Urbild），始原，原因である。そしてキリストはこの固有の宗教であり，この固有な特質を有する教会の歴史的な始まりである。また原像としてのキリストは独創的，生産的，特異的である。バルトは，以上のシュライアマハーのキリスト教の絶対性をめぐる主張を踏まえながら，他方でこの主張に疑問を抱く。それは，キリストの個体性をめぐる規定が，キリストとは異なる人間の場合でも妥当するのかどうかとの問いである。バルトは自らが提起したこの問いと，シュライアマハーによる一文を対比させる。その一文とは，人間が高次の生に関して抱く全てをキ

52　Ibid., SS.419–420. 同書65–66頁。
53　KGA I.13,1, SS.81–82.
54　Ibid., SS.82–85.
55　PT, S.421. カール・バルト著，安酸敏眞・佐藤貴史・濱崎雅孝訳「十九世紀のプロテスタント神学　下　第二部　歴史」『カール・バルト著作集13』67頁。

第3章　バルト神学におけるシュライアマハー受容の再吟味　　95

リストから受け取っているとの一節である[56]。さらにバルトの疑問では，シュライアマハーの主張が，その主張する主体の力よりも高次の者に由来するのかとの問いが，果たして強調されているのかどうかとの問いへと絞り込まれる。シュライアマハーはキリストが永遠の意義をもつとともに，キリスト教の絶対性が存する点を高らかには語りえない。なぜならば，彼はいかなる宗教の根本直観も含めて，あらゆるものがそこで永遠でなければならない宗教一般の無限の全体の補完部分を形づくっているとの見解を決して手放さないからである。

　この論点に則しつつ，バルトはキリスト論をめぐるシュライアマハーの神学思惟をまとめる。彼はシュライアマハーのキリスト論が，人間自らのキリスト教信仰に対するキリストの量的卓越性，尊厳，意義を証明することにおいて頂点に達すると論じる。そしてこのキリスト論における論理展開が，究極的には人間自らのキリスト教信仰の主張や自己主張と結合している点を指摘する。さらにバルトは，絶えず焦点の移ろう楕円のイメージとともに理解される，三位一体性としての客観的契機が人間の自己意識という主観的契機に解消していく事態を回避できる道筋について探求する[57]。

　シュライアマハーの神学思惟における神の言葉の吟味は，シュライアマハーのいわゆる「信仰の神学」が，聖霊の神学としての特質を帯びていると仮定するならば，避けては通れない道筋である。ただし，その原理的な自立性はシュライアマハーにおいてはあくまでも可能性に留まり，未だに確立してはいない。そのものとして確立した聖霊の神学においては，神の言葉の解消は論外であり，本来は問題にはならないはずなのだが，シュライアマハーの場合，御言葉の解消を圧し止めているのは，その道筋にいたらないようにするシュライアマハーの善なる意志 (der Gute Wille Schleiermachers) だけである。この点に基づいて，シュライアマハーの神

56　Ibid., S.421. 同書67–68頁。
57　Idem. 同書69頁。

学思惟の射程においては聖霊ではなく，単なる人間の宗教的意識が神学の主題となっているのかどうかとの検討が必要であるとバルトは指摘する。バルトはこの指摘に立ち，シュライアマハーがこれまでの論述内容とは別様の意図を抱いていたに相違ないとも想定する[58]。しかしこの別様の意図は，聖霊の働きを宗教的働きの形態において具象化しようとする弁証家の熱烈な欲求に消えてしまったと論じる。その結果，シュライアマハーは，客観的契機としての神の言葉を，歴史的作用を及ぼす事柄を含む，弁証的な形態と一致させて神の言葉と人間の宗教的意識の相対的な対立を生じさせるより他はなかったとバルトは見なす[59]。

またバルトは，シュライアマハーの神学思惟を神学史的に総括する際に彼が，その神学思惟の発端において神と人間との向き合いが全く曖昧なまま論じていたと指摘する。そして解明できる全てのテキストの示唆するところによれば，人間が主語となり，一方でキリストはその述語となっていたと論じる。ただし，バルトはキリスト教会にはこうした意図は持ち得ないこと，したがって同様にシュライアマハーもこの意図は持ち得なかったことを強調する。そしてさらにバルトは，自らの神学的立場について簡潔に言及する。それは近代神学の歴史を決定づけるシュライアマハー神学の特質を前にして，バルト自らを慰める事柄が，実のところ信仰の命題であって，歴史認識の命題ではないとの一文である[60]。この一文の拓く道筋において，バルトとシュライアマハーの神学思惟の分水嶺が明確に把握できる。しかしこの分水嶺は，小川や井上が指摘したような意味で否定的に捉えるよりも，より積極的かつ発展的な視点から両者の神学の固有の特徴として再受容すべきであると筆者は判断する。その理由は，バルトがシュライアマハーの神学思惟を批判する際に，殆どの場合断定的な論調を避けている点に存する。筆者のこの指摘は『教会教義学』「神の言葉論」における

58　Ibid., SS.422–423. 同書69頁。
59　Ibid., S.423. 同書70頁。
60　Ibid., S.424. 同書71頁。

三位一体論をめぐるシュライアマハーの記述によっても裏付けられる。バルトによればシュライアマハーが三位一体論をその他の各論的教義の列の外側で，全教義学の結論として扱うことを念頭に置いていた。バルトのこの論述は，三位一体論がキリスト教的自己意識の直接的な陳述として理解され得ないことにより，他のキリスト教の教説から際立っているとシュライアマハーが見なしていた点に基礎づけられる。この点に則するならば，バルトはシュライアマハーの場合でも三位一体論が他の教説とは異なる特別の扱いを受けていると理解している[61]。バルトのこの態度は，シュライアマハーが神的ペルソナの除去を行った結果，様態論的三位一体論を展開しているとの主張からも窺える[62]。このバルトの主張は，皮相的に理解すればシュライアマハーの三位一体論理解への批判として響いてもおかしくはない。しかしこの指摘の示す意味をよくよく熟慮ならば，シュライアマハーはいかなる体裁をとろうとも三位一体論を決して否定してはいないとも解釈できる。バルトは，以上のシュライアマハーの神学の特質が，啓示に基づく理解に依拠しては三位一体論へと直接には接近できない困難を示すとともに，シュライアマハーの場合にも，啓示が神学思惟において扱われる場合は，真っ先に三位一体論に注意が払われなければならないとの主張が内在する，間接的な証拠であると見なす。バルトのシュライアマハーに対するこのようなアンビバレントな態度の背景には，バルトがシュライアマハーの神学における「三位一体論と人間の自己意識」の区別に存する「流動性」を視野に入れている可能性がある。筆者はこの可能性を視野に入れながら，第4章にいたるまでの考察を遂行する。

61　KD I/1, SS.319–320. カール・バルト著，吉永正義訳「神の言葉I/2」『教会教義学』新教出版社，1995年，17–19頁。
62　Ibid., S.469. 同書287頁。

■ 第4節　バルトによるシュライアマハーの再解釈
　　——「神の人間性」を中心にして

1.「神の人間性」概念の示す事柄

　バルトによる最も簡潔かつ的を射たシュライアマハーの神学思惟の再解釈の一例として考えられる文献とは、1956年にアーラウ市で開かれたスイス改革派牧師連合会の会合での講演『神の人間性』である[63]。『教会教義学』においてはシュライアマハーの著作の引用を随所に見ることもできるが、小川はバルトが『教会教義学』執筆の手順としてはまず『教会教義学』各巻の主要テーマをめぐる論文をテスト・パンフレットの形で刊行し、次いでそれに対する教会や神学界の反応を見据えて『教会教義学』の巻を刊行したと指摘する[64]。その意味で言えば、バルトの論文や講演の多くは、バルト神学の展開の転回点を示すドキュメントとしての特質も有する。以上の点を踏まえ、本節では著書として出版された『神の人間性』の要約から始め、その考察と本章第3節で言及した、バルトが意識したシュライアマハーの神学の特徴を対比し、バルト神学においてシュライアマハーの意義が際立つ「別の可能性」について神学史的な観点から考察する。その上で現代神学の軸足としてのバルト神学の意義を論じる。
　さて、バルトには神の人間性概念が示す事柄とは、神の人間への関係と顧み、約束と命令において人間と語り給う神、人間のための神の存在と出現、神の行為、神が人間と持ち給う交わり、そして神の自由な恵みである。神はこの恵みにおいて、人間の神の道筋以外には決して存しない。そして

63　Karl Barth, *Die Menschlichkeit Gottes: Vortrag, gehalten an der Tagung des Schweiz. Ref. Pfarrvereins in Aarau am 25. September 1956*, Theologische-Studien Herausgegeben von Karl Barth, Heft. 48, Evangelischer Verlag AG, Zollikon, Zürich, 1956. 邦訳として寺園喜基訳「神の人間性」『カール・バルト著作集3』新教出版社、1997年を参照。原書に関してはMGと略記する。

64　カール・バルト著『カール・バルト著作集3』新教出版社、1997年、409頁。

同時に，バルトは自らの神学思惟の態度を，神の人間性というテーマが，福音主義神学の思惟における一つの方向転換を示すことになる，と振り返る[65]。当該テキストでバルトの述べる「方向転換」とは1920年代以降のバルトの神学思惟の指標であった，神の神性からの転換を示す。神の神性概念とは，バルトの規定する神概念に含まれる「人間と世界への関係における神」には固有の概念であったが，第二次世界大戦終結後十余年を経て，バルトは神の神性の認識から帰結する神の人間性の考究を試みる。この神の人間性という方向転換は，第二の方向転換とされる[66]。第一の方向転換とは『ローマ書』第2版を出版した1920年代のバルトの神学思惟の道筋である。

バルトはこの時代を回顧して「神の人間性は中心部から周辺部へ，強調された主文章から，さほど強調されない副文章へと退いて」いたと述べ，同時に1920年当時の「偉大なわたしの教師」であったハルナックに対峙する神学的立場での主張を自己肯定してもいる[67]。筆者は，第一の方向転換と第二の方向転換の差異と，その転換の正当性をめぐるバルトの見解を考察する。

バルトによれば，第一の方向転換は当時支配的であった自由主義的であり実証主義的でもあった神学への断固たる訣別とともに生じた。ただしこの訣別の相手となった自由主義的な神学をめぐる規定は，当時は二，三百年前から一見静止しがたい勢いで突き進んできた神学的潮流が成熟した段階を示す限りであるとの制約の下で初めて意味をなす。しかしこの規定とは対照的に，バルトは当該講演の課題としては第一の方向転換以前の神学で頂点に達した潮流の発展全体を，より一層の歴史的公平さとともに論じることだと理解する[68]。第一の方向転換以前の神学は，キリスト教的敬虔でもある人間の敬虔を対象としている。そしてこの神学思惟における神

---

65 MG, S.3. カール・バルト著，寺園喜基訳「神の人間性」『カール・バルト著作集3』349頁。
66 Ibid., S.3. 同書349頁。
67 Ibid., S.4. 同書350頁。
68 Ibid., SS.4–5. 同書350–351頁。

理解は，キリスト教的・宗教的人間を重視している。バルトにはこの神学が，神を犠牲にして人間を偉大なものとする神学であり，本来は人間に絶対的に立ち向かう他者であるはずの神ばかりか，神自らが導く歴史と対話そのものまでも一つの敬虔な概念へと矮小化させる危険にさらしたと映った[69]。ただし筆者が注目するのは，彼が第一の方向転換以前の神学が，神概念を人間に立ち向かう神としては規定してはいないと指摘しながらも，同時に神自らが導く歴史や対話が一つの敬虔な概念となったとまでは決して断言していない態度にある。むしろバルトはこの神学のさまざまな杯を最後の一滴まで飲み尽くしたと記す。そしてその後この危険に対して驚愕し，キリスト教的・宗教的自己意識という重苦しい殻に閉じ込められた姿とは全く異なる神のあり方に，クッターやラガーツの宗教社会主義，第一次世界大戦の勃発によって生じた近代神学の破綻，その近代神学の破綻の時代にあって初めて真剣な話題となったブルームハルト父子の使信，その注釈として読まれたキルケゴール，ドストエフスキー，オーヴァーベックの影響を通じて目覚めた，と語る。これがバルトの言う第一の方向転換である[70]。バルトは『神の人間性』において，この第一の方向転換には否定や撤回の必要はないが修正の必要を認める[71]。そしてこの覚醒の中で見出された1920年代のバルト神学の特質を示す神学上の諸概念は，どれほど好意的に意図され，重要な事柄が含まれていたとしても，やはり幾分は人間的に，また部分的には異端的に語られていたと論じる。とりわけシュライアマハーとの関連においては「本当はただ悲しげに，また親しげに微笑したらいいような場面で，どんなに嘲笑しただろう。（略）。ここではすべてがシュライアマハーを転倒させ，人間を犠牲にして神を偉大にするとの結果を引き起こしているのではないか。したがって畢竟ここでは過大な収穫があまりにも期待されてはいないか。ここでは恐らく結局のところは，新

69　Idem. 同書350–352頁。
70　Ibid., SS.5–6. 同書352–353頁。
71　Ibid., S.5. 同書351頁。

しい巨人主義が機能しただけではないか。こうした当時の多くの人の印象は全く根拠のないものだったか」と語る[72]。同時にバルトは，当時のハルナックの反応について，再評価までにはいたらないまでも，「それはただの頑固だったのか。もしかしたらそのような態度には，あの以前の神学の宗教主義や人間中心主義，誤ったヒューマニズムにも，何か捨ててはいけないものが考慮されていたのではないか，というぼんやりとした予感が表されていたのではなかろうか。すなわち，あの神学の思想が間違いなくどんなに問題に満ちたものであり，誤ったものであったとしても，それらの中にも，われわれが──（略）神の神性を強調したやり方においては，まさに正当には取り扱わなかった，あの神の人間性こそが考慮されていたのはないだろうか」と論じる[73]。バルトはかつて抱いた神学思惟と向き合い，自らも強く批判した第一の方向転換以前の神学の可能性を再吟味した後に，「われわれの側に関して，どこに間違いがあったのか」と顧みる。この顧慮の中で，第一の方向転換には欠陥があったと述べる。その欠陥は「われわれを，次に，他の人々をも，大変に興奮させたあの神の神性についての新しい認識を，綿密かつ完全には展開できなかった」ことであった[74]。バルトに則するならば，この神性の認識を再び強化したのは，確かに良いことであり時代に相応しかった。しかし神が全てであり，人間は無であるという主張は，実は当時バルトの神学上の主張について驚いたり怒ったりした人々の勝手な捏造だった。同時にバルトは神の神性の強調の際，その時代にバルトが魅了されていた概念が絶対他者であり，この概念は聖書でヤハウェ・主と呼ばれる方の神性と同一視できると自ら論じていた。しかしながら，人間と対立する絶対他者概念とはアブラハムの神よりも，より哲学者たちの神の神性に似ていたという点で，第一の方向転換の神学思惟は誤っていた[75]。このように，神の神性を強調する際に重視されなければな

---

72 Ibid., SS.8–9. 同書354–355頁。
73 Idem. 同書355–356頁。
74 Ibid., S.9. 同書356頁。
75 Idem. 同書同頁。

らないはずの，神の人間との歴史と対話，神の人間との共なる存在という観点を見落としていた点をバルトは認める。その結果として，第一の方向転換の際に，人間の歴史に介入する主なる神，被造物としての歴史，キリストの人間性，インマヌエル（神はわれわれとともにおられる）といった聖書のモティーフへの軽視をバルトは承認せざるを得ない。

　以上の考究に基づくならば，バルトは自己批判を通じて，神の神性が人間性の性格を有するとの理解に立つ神聖性を包含する神概念について，新たな展望を会得した。そしてこの展望に立って，神の神性の命題は，かつてバルト自らが批判的に対峙した神学の肯定的な再受容を伴いながら構成される。この再構成に臨んで，仮に第一の方向転換の際に批判的に対峙した諸神学の弱点を根底まで看取できた場合でも，その中に否定できない真理ノ断片（particular veri）を積極的に採用する手法が用いられる。この道筋において展開される神の神性とは，まさしく神の人間性と深く関わる[76]。

　バルトはこの命題の根拠をキリスト論によって基礎付け，展開するべきであると主張する。これがバルトの第二の方向転換としての神の人間性概念の特質である。聖書において証しされたイエス・キリストにおいて，バルトは決して抽象的に神概念に関わらず，他方で同じく抽象的な人間への関わり方を遠ざける。イエス・キリストにおいては人間から上に向かう方向へと限定される閉鎖性とともに，神から下にのみ向かう一方的な方向性も退けられる。その結果，神と人間が出会い，ともに存在する歴史と対話の可能性が開かれる。同時に神と人間との間で双務的に締結され，保持され，成就された契約の現実性もまた看過できない事柄となる。イエス・キリストはその一なる人格において真の神として人間の誠実なパートナーであると同時に，真の人間として神の誠実なパートナーでもある。さらに神と人間の統一において，イエス・キリストは神と人間の仲保者であり，和解者であり，啓示者である。この神学的立場に依拠して，バルトは神論の考究と人間論の考究が，神と人間の両者を結ぶイエス・キリストに示され

76　Ibid., S.10. 同書356–357頁。

第3章　バルト神学におけるシュライアマハー受容の再吟味　　103

た神と人間のともなる存在の成就に基づいて理解されなければならないと主張する[77]。

　さらにバルトは神の神性を，イエス・キリストにおいて神が自ら語り行為する主体性に依存すると規定する。そしてこの規定の中で，神の神性が人間とひとつになり，その統一性の中で主権を握る主体であるとの新たな神概念を提唱する。神は人間の創造者として神に応答する信実を喚起し，人間を具体的行為へと導く。バルトの神学思惟に沿うならば，人間において実現した神の行為は，イエス・キリストの現存在の中で人間の行為に先立つ。一方で人間の行為は，この先行する事柄に続いて生起するのであり，人間の自由は神の自由に包含される。この規定に加え，神の人間性概念の理解においては，神の自由がイエス・キリストにおいて愛へと向かう自由であると規定される点こそ神の神聖性の先行に劣らず重要である。この自由は神自らが下へと向かう能力，および自らを他者に従わせる能力として意味づけられる。以上の道筋に沿って，神の神性から神の人間性へと続く順序に則しながら，イエス・キリストにおける神と人間の最高度の交わりが成立しかつ保持される[78]。

　そしてバルトは，第二の方向転換を経て修正された神の神性に基づいて，神は自らの中で自らのために存在する，という神の自存性概念をも再吟味する。確かに神の自存性概念は否定されはしない。しかし同時にこの概念は人間とともに，また，人間のために存在するとの規定が付加される。神の神性概念は，この自存性概念の修正によってバルタザールの理解とは異なっていく[79]。言い換えるならば，バルトの第二の方向転換では，神の神性は人間性を排除せず，その内に含む。そして自存性概念そのものにも人間性が包摂されるという新しい地平を拓く[80]。ところでバルトは，このような神の神性概念と神の人間性概念の関係を論じるにあたって前後のコン

77　Ibid., SS.10–11. 同書358–359頁。
78　Ibid., SS.12–13. 同書359–360頁。
79　本論文35頁参照。
80　Ibid., S.13. 同書362頁。

テキストとは直接関係なく，シュライアマハーの神は憐れむことが出来ないが，キリスト論を視野に入れながら，神はアブラハム，イサク，ヤコブの神であるがゆえに人間を憐れむことが可能であると論じる[81]。この論述で注意すべき事柄とはバルトが，シュライアマハーが旧約聖書とは関わりなく神概念の形成を試みたかどうかについて当該講演では一切論証しない点である。それゆえにシュライアマハーの神理解をめぐる論述はあまりにも唐突であるが，この論述の唐突さを逆手にとって考えるならば，筆者にはバルトが講演『神の人間性』を構想するにあたりシュライアマハーの神学思惟を意識せざるを得なかったとの推測も可能である。

さて本論文第3章第4節2においては，バルトが神の人間性概念を土台にし，文化プロテスタント主義あるいはプロテスタント主義神学における文化概念を再吟味する道筋を考察する。この考察はバルトと文化神学，あるいは文化プロテスタント主義に関する対立的な理解に見直しを求める結論にいたる。

2.「神の人間性」における文化概念の特質

バルトは，本論文第3章4節1において考察した，神の人間性概念に基づいて人間論を展開する。この人間論の中でバルトは文化概念の再吟味をはかる。

第一に筆者が注目するバルトの主張の内容とは，神の人間性概念を基とした人間の身体性（Leiblichkeit）概念である。バルトに則するならば，人間そのものに神の人間性から与えられている素晴らしさ（Auszeichnung）とは，人間の人間性そのものに由来するのでも，人間の神の選びの特権への相応しさに源を有するのでもない。神の人間性に依拠した人間に備わる素晴らしさは，神の恵みにのみ根拠を有する。この根拠は人間の有する特別な身体性に存する。ただし身体性一般に限って論じるならば，人間の身

---

81 MG, S.15. カール・バルト著，寺園喜基訳「神の人間性」『カール・バルト著作集3』363-364頁.

体性は他の動物や植物とも共通する。人間は固有の特別な身体性に備わる本性を働かせながら，神を賛美し神の恵みへの奉仕が赦されている。この神の賜物としての人間性は断じて軽視されてはならない。人間は神自らが定めた限界においてのみ神に出会えるのであり，神は決して人間的な事柄を拒絶しない[82]。

　このような論理に基づいて，バルトは人間の素晴らしさをめぐりその特質としての文化を重視しながら論じる。人間は，文化の創造者としても受益者としても，文化に責任ある者として誰もが文化と関係する。文化への禁欲への試みは不可能であり意志すべきではない。人間は各々文化の歴史の中に自分の場所と役割を有する。バルトは文化そのものが善き賜物としての人間性を栄えあるものとし，機能させる試みでもあると理解する。なぜならば文化とは，人間存在が神自らの永遠の善き意志と行為の比喩として機能する特質を示すからである。以上のように当該講演において文化とは神の自由に属する事柄としてきわめて重要な意義を有する[83]。

　第二に筆者は，バルトが，神学も文化であると見なす視点に基づいて論考を展開している点に注目する。バルトは，ピラミッド建設やカント以前の哲学，以後の哲学，古典主義文学，社会主義，理論的・実践的原子物理学と並び，文化としての神学も確かに存在すると主張する。そして神はその神性において人間的であるがゆえに，人間に出会う神，そして神に出会う人間について論じなければならないと述べる。したがってバルトは第二の方向転換における神学の役割として，神と人間の相互の交わりが具体的な出来事となり目標に到達する歴史と対話を論じなければならないと提唱する。バルトは神学が担うこの役割についてイエス・キリストとの関連においてのみ語りうるとする。さらにはイエス・キリストが自らを証ししている聖書への依拠を，神学固有の特質として再確認する。神学が聖書の釈義，キリスト教の歴史と現在についての研究，叙述，解釈，教義学，倫理

---

[82] Ibid., S.17. 同書366頁。
[83] Ibid., S.18. 同書366頁。

学,さらには説教,教育,牧会において確証しなければならない対象は,神と人間の交わりを理解し,言語で表現を試みる中に存する。バルトに則するならば,神学とは神の恵みと言葉と行為,またこれによって養われた人間の感謝の言葉と行為であり,これは神の神性と人間性の順序に従う。バルトは,神学がこのテーマに留まるならば善なる神学であり,文化の薫り高い神学であるとの見解に立つ[84]。

第三に神の人間性とその認識は,キリスト教神学の思惟と言表が有するべき一定の態度と方向性を呼び起こす。神の人間性とは啓示に依拠する出来事としての特質でもあり,決して造形としては固定されない[85]。なぜなら神学の基本は,その対象に対応する祈りと説教であり,その特徴を踏まえるならば神学は対話的にのみ存しうるからである。またキリスト教の表現は神への祈りであると同時に人間への語りかけでもあり,ケリュグマとしての性格を有する。この語りかけの言葉が問題になる場合には,表現としては,少しばかりの街角の言葉,新聞の言葉,文学の言葉,哲学の言葉も登場してよく,特別に憂慮すべきことであってはならない[86]。バルトの関心は神の人間性を踏まえた神学の内容が過去・現在・未来のあらゆる時代の人間に向けられた神の永遠の愛に関する使信であるか否かにかかっている。

バルトは神の人間性概念の帰結として,神の人間性を認識するならば,全てのキリスト教徒と教会は真剣に受けとめられ肯定されるべきであり,人間は各々の場で教会生活に参与し奉仕に参加しなければならないと述べる。筆者が注目する事柄はこの帰結において再び出現する。それはバルトが自らの1920年代の姿勢を,行き過ぎだったと理解している箇所であ

---

[84] Ibid., S.19. 同書368頁。
[85] この主張を展開した時点で,バルトはすでに「神学的表現主義」という評価を覆していると筆者は考える。
[86] MG, S.21. カール・バルト著,寺園喜基訳「神の人間性」『カール・バルト著作集3』371頁。

る[87]。バルトは1920年代においては，教会にとっての神学の重要性を，当時再発見した神の国に対する消極的対立像という性格においてのみ理解しようとし，教会の教説，礼拝，法的秩序というような形態を，人間的な，あまりにも人間的なものとして，ただそれほど重要ではないものとして受け取ろうとしたと回顧する。そして教会に向けられた真剣さや熱意さえもすべて，余計なもの，有害なものとさえ説明しようと試み，その全線において，僧兵義勇団と秘教的グノーシスの理論と実践に近づいていたとして自己批判に近い表現を用いる[88]。「僧兵義勇団と秘教的グノーシス」とは，かつてのバルトが神の神性を強調するあまり，文化プロテスタント主義を始めとした近代プロテスタント主義に対して攻撃的な姿勢をとり，その一方で神と人間の質的差異を強調しすぎた態度に，十字軍の独善的な姿と心身二元論に立つグノーシス主義を重ねた反省の弁であると筆者は推測する。バルトによれば教会批判の言葉が実り豊かであり得るのは，教会の存在と働きが救済に必然的であるという洞察に基づいて語られ，また教会の召集，建設，派遣への奉仕を意図して語られている場合に限られる。神の人間性は，旧いイスラエルとしてのユダヤ教と同時に新しいイスラエルとしてのキリスト教に向けられており，神の場所に存する個人に向けられている。そしてバルトは，教会がイエス・キリストにおいて啓示された恵み深い神についての僅かばかりの貧しい認識，しかし，聖霊に基礎づけられているが故に決して打ち負かされることのない認識によって構成され，この世における彼の証人たるべく定められ，呼び集められたと理解する[89]。この特別な民の存在は，確かにいたる所で消去されたり曇らされたりして連続性があまりにも中断されるとはいえ，神の人間性の反映に他ならない。イエス・キリストが神と人間のために主となる共同体は，痛ましく引き裂かれた，その他にも問題の多い全てのキリスト教徒を示す[90]。筆者は，

---

[87] Ibid., S.24. 同書374頁。
[88] Ibid., SS.24–25. 同書374頁。
[89] Ibid., S.25. 同書375頁。
[90] Ibid., SS.25–26. 同書375頁。

バルトがその神学思惟において教会そのものを決して抽象的には捉えないからこそ，イエス・キリストを和解者ならびに救贖者として理解するキリスト論が一層際立つと理解する。それゆえに，バルトが神学に言及する際にも，個人的発見や見解を超えた特質を帯びる。

　さらにバルトの当該講演に一層立ち入って考察するならば，神の人間性概念とは『教会教義学』に比べて簡潔なキリスト論と教会論に加えて，ワレハ聖霊ヲ信ズという信仰告白，そしてこの聖霊への信仰告白に含まれる，ワレハ一ニシテ聖ナル公同ノ教会ヲ信ズという信仰告白を必然的に含む。この論述の後，バルトは神の人間性概念の展開の結びとして聖霊論を射程に入れようとする。その際にバルトは，キリストの支配に基づきつつ人間性の冠（Krone）としての共同人間性が可視的になる場所として，われわれは教会を信じる，と結論づける[91]。

　さて筆者は本節での考察のまとめを述べる。その際に留意すべき事柄はバルトが著書『十九世紀のプロテスタント神学』で用いた，シュライアマハーの神学の論述における三位一体論と人間の自己意識の区別に存する流動性を考慮している態度である。「神の人間性」への考察を踏まえると，この態度はバルトが聖霊の神学を視野に入れている可能性を指摘できる。この根拠としては，すでに第3章で述べたバルトのシュライアマハー理解と本節における考察に加えて，後述するバルトの説教を提示する。さらにバルトが神の人間性を論じる際に用いた冠（Krone）との表現は，シュライアマハーが著書『神学通論』序論の命題31において実践神学を定義した命題を意識していたとも考えられる[92]。筆者はこの表現の使用からバルトが神学者としての歩みを開始して以来シュライアマハーを絶えず意識せざるを得なかった神学上の姿勢を示していると解釈する。中でもシュライアマ

91　Ibid., S.27. 同書376頁。
92　Friedrich Schleiermacher, *Kurze Darstellung des Theologischen Studiums zum Beruf Einleitender Vorlesungen*, Kritische Ausgabe herausgegeben von Heinrich Scholz, Georg Olms Verlagsbuchhandlung, Hildesheim, 1961, S.10. 加藤常昭・深井智朗訳『神学通論（1811年/1830年）』教文館，2009年，37頁。本論文89頁参照。

第3章　バルト神学におけるシュライアマハー受容の再吟味　　　109

ハーへの批判をめぐるブルンナーへ激しい態度は，バルトが弁証法神学者の一人であると見なされた時代，すなわち，講演『神の人間性』の中で自己批判的に回顧された1920年代においても決してシュライアマハーへの畏敬の態度は消え去ることがなかったバルト自らの姿勢を如実に示している。このようなバルトの言動を踏まえるならば，バルトとシュライアマハーの神学を単純化された対立構造の中で理解する研究態度はもはや過去のものとなったと理解してよい。なぜならば，バルトの考察に則してシュライアマハーの神学思惟が三位一体論的思惟と人間の敬虔的自己意識を区別する二つの焦点を含む楕円として構想されるにしても，この楕円の焦点の関わりは常に流動的であり，二つの焦点のどちらにその重点が置かれるかどうかという問いが生じたとしても，特定の場所には定立されない特徴は決して変わらない。この点を踏まえるならば，バルトがシュライアマハーの神学を，限りなく人間的な根拠に接近すると表現した場合，シュライアマハーの神学の特質を適切に表現しているというよりも，むしろ誤解をもたらす危うさもはらんでいるのではないかと筆者は警戒する。この点はバルト自身のシュライアマハー受容の課題でもあるが，実のところはバルトもその問題性を承知した上で，シュライアマハー神学の有する新たな可能性としての聖霊の神学を見出していたのではないだろうか。

　さらにバルトのこの態度は彼の文化概念理解や1920年代に批判の対象にした文化プロテスタント主義への関わりにも妥当する。グラーフの指摘するように，バルトは概念規定が曖昧な文化プロテスタント主義を，自らの神学の輪郭を際立たせようとする意志に基づいて徹底的に遠ざけた。しかし講演『神の人間性』では，全く対照的に，神学も文化であって，神の神性と人間性の順序を正当に踏まえた神学とは，文化の薫り高い神学であると言及している。筆者はこの発言を，W・ヘルマンやハルナックに代表される，バルトの師事した神学者への尊敬の態度とバルト以前の世代の神学者からの影響を示す理解に立って解釈する。このように考えると，バルトの神学思惟の特質をめぐり，バルト以前の世代まで継承されてきた，伝統的なドイツ語圏の神学の研鑽とともに成り立つという意味で，バルト神

学はきわめて堅実な神学でもあると考える。だからこそバルトはユダヤ人排斥と指導者原理に基づく強制同一化を教会に要求したドイツ的キリスト者やナチ政権への拒否と抵抗を貫徹し、第二次世界大戦後は東欧諸国の教会を念頭に置きつつ社会主義陣営への批判を抑制できたのではないだろうか。確かにバルトは「然り」には「然り」、「否」には「否」と政治的暴力に満ちた時代の思潮や、自らの神学思惟とは明らかに立脚点を異にする神学に対しては誰の目にも明らかな仕方で自らの態度としての神学的実存を表明した。しかし筆者はすでに本論文第1章で、バルトの神学思惟がシンメトリックに固定されてはおらず、カタツムリの殻状の形姿を描きつつ中心から進展すると指摘した。その意味ではシュライアマハーの神学思惟と同じく、バルトの神学思惟もまた流動性を帯びている。このように『神の人間性』に表明されたバルトの神学への態度と神の神性概念、そして神の人間性概念に表されたバルトの神学思惟は、かつて「否」であると見なした種々の神学の研鑽の積み重ねの上に成り立っている。その特質は実のところシュライアマハーの神学思惟と発展的な仕方で実に深く関わっていたと筆者は本章の考察を結論づける[93]。同時にこの結論は、シュライアマハーの神学思惟を20世紀の神学との関わりの中で研究する際には、バルト神学との関係を決して無視できない点を示している。それは、シュライアマハー神学の時代的制約とバルトが真摯に向き合っていたことからも言える。バルトは実に注意深くシュライアマハーの神学を批判する。この批判的関係の延長線上に『教会教義学』「神論」における神理解は展開されている。以上の考究を踏まえて、次章ではバルトの神論における秘義概念を考察する。

---

[93] その点では、H・G・ペールマンによる『現代教義学総説　新版』の34–35頁に記された「19世紀の組織神学と哲学、およびその20世紀への影響」を示した図においては、直接シュライアマハーからバルトへの関係を示す線が記されていてもよいと筆者は考える。H・G・ペールマン著、蓮見和男訳『現代教義学総説　新版』新教出版社、2008年。

第4章

『教会教義学』「神論」における神理解

■ 第1節　『知解を求める信仰』から『教会教義学』
　　　　「神の言葉論」への神認識の道筋

1. バルトのアンセルムスのテキストとの出会い

　バルトの晩年の秘書を務めたE・ブッシュによれば、バルトがアンセルムスのテキストを初めて扱ったのは、ミュンスター大学で1926年に行われた夏学期演習の準備を契機とする[1]。その際のテキストは『何故神ハ人トナリ給ウタカ（*Cur Deus Homo*）』であった。1930年の夏学期にバルトはボン大学においても同書を用いて演習を行った。その際の学生の質問とそれへの応答、さらには同じ年に開催されたH・ショルツによる『プロスロギオン（*Proslogion*）』における神の存在証明に関する記念講演が、バルトによる本格的なアンセルムス研究の契機となった[2]。他方この時期において、バルトとかつての「弁証法神学」の代表者との関係は次第に険悪になっていった。バルトは『知解を求める信仰』初版の序言で『教会教義学』に先立って記された『キリスト教教義学序説』においてアンセルムスを指し示したことにより、自らの立場がカトリック主義であり、またシュライアマハー主義でもあるとの非難を浴びたと述べている。ただし、バルトはその非難を浴びてなおもアンセルムス研究を重視した[3]。バルトのこの研究態度には理由がある。なぜならばバルトがアンセルムス研究の中で重視した事柄とは、アンセルムスの神証明をめぐる解釈問題であったからである。続く第2版の序言では、『知解を求める信仰』の執筆後、直ちに『教会教義学』

1　E・ブッシュ著、小川圭治訳『カール・バルトの生涯　1886-1968』第2版、240頁。
2　同書293頁。
3　Karl Barth, *Fides quaerens intellectum: Anselms Beweis der Existenz Gottes im Zusammenhang seines theologischen Programms*, 1931, Gesammtausgabe, 2, Akademische Werke, Herausgegeben von Eberhard Jüngel und Ingolf U. Dalfelth, Theologischer Verlag, Zürich, 2.Aufl. 1986, SS.I –II. カール・バルト著、吉永正義訳「知解を求める信仰」『カール・バルト著作集8』新教出版社、1983年、4頁。ドイツ語原文は、本論文では便宜上FQIと略記する。

第 4 章 『教会教義学』「神論」における神理解　　　　　　　　　　113

に取り組むこととなったと述べる。そして『教会教義学』の中で、『知解を求める信仰』が神学思惟の「唯一の極めて重要な鍵」となった事実について多くの人々は見過ごしていたと論じる[4]。ブッシュはバルトが教義学を全く新しくやり直さなければならず、またどのようにやり直さなければならないかを認識したのは、主としてアンセルムス研究の成果であるとまで論じているが、バルトによるこの序文からも『知解を求める信仰』が『教会教義学』を理解する際には避けて通れない著書であることが分かる。とりわけ神論の理解において『知解を求める信仰』は示唆に富むところが多いと筆者は推測する。本節における考究は以上のバルトの神学思惟の背景に基づく。

2. アンセルムスによる神認識の道筋

　バルトは、著書『知解を求める信仰』において二つの課題を設定する。第一には神の存在に関する中世初期スコラ学者カンタベリーの聖アンセルムスによる証明を、その主要著作にある固有の神学的綱領に則して評価すること、第二には厳密な本文批評に則り、アンセルムスの著書『プロスロギオン』第2章から第4章全体の注釈を行った上でその証明を評価することである[5]。本節では始めに第一の課題に着目し、バルトが理解したアンセルムスによる神の存在証明の方法を考察する。その後に、バルトが第二の課題を視野に入れながらキリスト教の啓示を否定する者との対話の形式に着目している点を指摘する。その上で『教会教義学』「神の言葉論」で展開された神認識の方法論の概要を論じ、『知解を求める信仰』と『教会教義学』「神の言葉論」との間に存する神認識の方法論の推移を論じる。さて『知解を求める信仰』とは、元来は改革派に属する神学者であったバルトが、中世ローマ・カトリック教会のスコラ学者の手法を大胆に吸収して『教会教義学』での神学思惟の開花にいたる転機をなした作品である。バルトによ

4　FQI, S.6. 同書7頁。
5　Ibid., SS.9–10. 同書9–10頁。

れば，アンセルムスの神学的綱領の狙いとは，人々を信仰に導くことや人々の信仰を強めること，信仰を疑いから解放することにではなく，信仰を知解することにある[6]。知解とは，アンセルムスの言葉を用いて簡潔に述べるならば，知ラズニ信ジテイタコトヲ理解スルコトと定義される[7]。バルトはこの概念が神認識にとって重要であると考える。すなわち，知解の道筋を通して人間は神を感受シテ（sensibilis），認知シウル（cognoscibilis）のである[8]。

バルトに則するならば，知解の字義通りの意味は内部ニ立チ入リ読ムコト（intus legere）であり[9]，この読ムコトを介して，聖書，諸信条として定式的に表現された教義，そして教父の著作といった諸教義の外部で幅広く受け容れられた信仰の要素の総和[10]としての客観的信仰たるCredoにおいて，あらかじめ語られている事柄をめぐって追考（Nachdenken）し，それを肯定することである[11]。このCredoはローマ信条，ニケア・コンスタンティノポリス信条，アタナシウス信条などの諸信条だけでなく，定式的に表現された教義の外部にある，さらに幅広い必然的な信仰の要素を受容する余地を残している。言わばこのCredoとは，聖書本文より上位の立場を与えられてはおらず，再吟味の余地を必ず残している。この余地を残すとともに，バルトは知解とCredoを不可分の事柄とする。Credoを知解する作業が必要となる理由は，人間が堕罪した点に存する[12]。知解は本来個々人の主体的信仰の成立と同時に生起するばかりでなく，そのものとして個々人の信

---

6 Ibid., S.15. 同書14頁。
7 St. Anselmi, Cantuariensis Archiepiscopi, *Opera Omnia, Tomus Primus*. VolumenI; hrg. von Franciscus Salesius Schmitt, Friedrich Frommann Verlag, Günther Holzboog, Stuttgart-Bad Canstatt, 1968. *De Casu Diaboli*, S.261. 邦訳は古田暁訳『改訂増補版　アンセルムス全集』聖文社，1987年を参照。
8 FQI, S.15. 14頁。カール・バルト著，吉永正義訳「知解を求める信仰」『カール・バルト著作集8』17頁。
9 Ibid., S.40. 同書49頁。
10 Ibid., S.23. 同書29頁。
11 Idem. 同書同頁。
12 Ibid., S.40. 同書49頁。

仰と同一のはずである。ただし実のところは堕罪により個々人の信仰と知解は一致しない[13]。

しかし同時に指摘されなければならない事柄とは、知解を遂行するための神学的綱領には、聖書に依拠するCredoの断定的な引用や、その引用による言説の権威づけが不要な点である[14]。バルトに則するならば、アンセルムスが神学を信頼に足るものとする規準はあくまでも聖書本文である[15]。他方で、ある信仰命題が聖書本文やその帰結と逐語的に一致する場合、その命題は絶対的確実性をもって妥当しながらも、そのものとしては神学ではない[16]。なぜならばアンセルムスにとって聖書や諸信条の権威と、神学の学問性とは異なる地平の事柄であり、学としての神学はこれらの権威とは独立して展開されなければならないからである[17]。アンセルムスによるこの主張の背景には、当該著書の読者としてキリスト教神学者だけではなく、キリスト教の啓示を否定する者、ユダヤ教徒、異教徒（der Heide）[18]も想定されていることを指摘できる[19]。つまりアンセルムスはこれらの人々に対する反駁を想定するのではなく、これらの人々も皆、知解の遂行に加わる可能性を決して排除しない。バルトはこの可能性を論じるにあたり、アンセルムスの著作『何故神ハ人トナリ給ウタカ』にある次の文章を引用する[20]。「彼ラハ信ジナイカラ説明ヲ求メ、私タチハ信ジルカラソレヲ求メマス。シカシ、私タチガ求メテイルモノハ一ツデス」[21]。したがって知

13　Idem. 同書同頁。
14　Ibid., S.43. 同書51頁。
15　Ibid., S.32. 同書38頁。
16　Idem. 同書同頁。
17　Ibid., S.33. カール・バルト著、吉永正義訳「知解を求める信仰」『カール・バルト著作集8』38頁。
18　ここで「異教徒」として理解される人々は、古田によればその時代のムスリムである。『改訂増補版　アンセルムス全集』438頁。
19　Ibid., S.62. 同書77頁。
20　Ibid., S.66. 同書49頁。
21　St. Anselmi, Cantuariensis Archiepiscopi, *Opera Omnia, Tomus Primus.* VolumenII; hrg. von Franciscus Salesius Schmitt, Friedrich Frommann Verlag, Günther Holzboog, Stuttgart-Bad Canstatt, 1968. *Cur Deus Homo*, S.50.

解とは,信仰命題を基礎づけるCredoの単なる想起からは成り立たない[22]。むしろ知解はCredoに表された信仰の諸命題の単なる読解に留まるのではなく,読むことを超え出て抽出する運動(über das Lesen herausgreifende Bewegung)として行われなければならない[23]。

　それでは,読むことを超え出て抽出する運動とは何か。この理解のために,アンセルムスの神学的綱領においてバルトが着目するratio(理)とnecessitas(必然性)という,二種類の概念を考察する。バルトによればratioとは大別すると二つの意味を有する。すなわち信仰の対象に固有の根拠としてのratio[24]と,人間の理性的諸力としてのratio[25]である。この信仰対象とはすなわち神である。さらにアンセルムスは,神を最高真理であると定義する[26]。最高真理とは,アンセルムスによれば無条件の絶対的存在であり,他の全ての存在規定そのものである。バルトはこの神の存在様式を自存性と呼ぶ[27]。この自存性概念について,筆者はすでに本論文第3章第4節2における,神の人間性概念に関する箇所ですでに触れたが,もとはと言えば,バルトの場合には『知解を求める信仰』において注意深く扱われた概念である。この自存性とは,最高真理たる神が自ら以外の何物にも依存せず存在することを示す。アンセルムスの神学的綱領では,まず神がそれ自体として存在し,次に被造物が神の有するratioに則して創造されたと理解される[28]。逆に言えば被造物はこの最高真理に依存することで初めて真理たることができる。この点から最高真理のratioとは神自らが有

22　FQI, S.41. カール・バルト著,吉永正義訳「知解を求める信仰」『カール・バルト著作集8』50頁。
23　Ibid., S.42. 同書51頁。
24　Ibid., S.45. 同書55頁。
25　Ibid., S.44. 同書54頁。
26　St. Anselmi, Cantuariensis Archiepiscopi, *Opera Omnia, Tomus Primus.* VolumenI; hrg. von Franciscus Salesius Schmitt, Friedrich Frommann Verlag, Günther Holzboog, Stuttgart-Bad Canstatt, 1968. *De Veritrate*, S.50.
27　FQI, S.15. カール・バルト著,吉永正義訳「知解を求める信仰」『カール・バルト著作集8』14頁。
28　古田暁訳『改訂増補版　アンセルムス全集』856頁。

する秩序ないし法則として理解できる。他方人間に固有な理性的諸力として理解される場合，ratioとは概念や判断を構成する能力を示す[29]。その能力を，アンセルムスは人間ノ中ニ存スル全テノモノノ原理オヨビ判断力[30]と称して，人間が他の被造物と区別される理性的本性（rationalis natura）であると規定する。このratioが有する二つの様相が結合された結果，信仰対象のratioを，人間の理性的諸力であるratioを通して解明する関係を表す第三のratioが生じる[31]。しかし第三のratioは，単なる理性的諸力の行使としての信仰対象の認識を意味しない。むしろ信仰対象の認識を欲する人間が，信仰対象である神の存在様式としての自存性に参与することを通じその機能を得る[32]。このことはバルトが個々人の主体的信仰について，人間の意志が単に神に向かう（Hinstreben）のではなく，神の中へと入る（Hineinstreben）こととして理解している点に関連づけられよう[33]。これはバルトが信仰対象のratioを根拠（Grund），すなわち理性的被造物たる人間が神を知解するための足がかりとして理解していることからも言える[34]。このようにアンセルムスを介したバルトの神認識の方法は，単に神を対象として認識論的にのみ位置づけるのではなく，人間が神の存在様式に被造物としての制約を受けながらも，参与することに存する[35]。すなわち，この神認識の方法は信仰命題を前提とした存在論的様相をもって初めて可能とされる。

このゆえに，バルト自らはこの存在論的様相を伴う神認識の方法について，デカルトやライプニッツのよく知られた教えとしての存在論的神証明

29　FQI, S.44. 吉永正義訳「知解を求める信仰」『カール・バルト著作集8』54頁。
30　St. Anselmi, Cantuariensis Archiepiscopi, *Opera Omnia, Tomus Primus.* VolumenII; hrg. von Franciscus Salesius Schmitt, Friedrich Frommann Verlag, Günther Holzboog, Stuttgart-Bad Canstatt, 1968. *Epistla de Incarnatione Verbi,* S.10.
31　FQI, S.45. カール・バルト著，吉永正義訳「知解を求める信仰」『カール・バルト著作集8』54頁。
32　Ibid., S.45. 同書55頁。
33　Ibid., S.15. 同書14頁。
34　Ibid., S.50. 同書61頁。
35　Ibid., S.15. 同書14頁。

とは異なると指摘する[36]。バルトによるこの問題提起は『教会教義学』に継承されると考えられる。またそれゆえに、知解の遂行にあたり理性的被造物としての人間が、神の存在様式に参与する場合、単なる理性的諸力の行使として信仰対象に関係する場合以上に高度であるとして理解される[37]。なぜならば、この参与は最高真理によって「附与 (verleihen)」されたと見なされるからである。この附与は最高真理の側からは被造物としての人間固有の存在根拠の創造 (Erschaffung) として、人間の理性的諸力の側からは決断 (Entscheidung) として理解される[38]。言い換えればアンセルムスの神学的綱領において知解を目的とした理性的諸力に基づく決断は、信仰対象たる神による決断を肯定するものとして把握されなければならない。この肯定こそが、神の存在様式への参与であると筆者は理解する。この理性的諸力の行使が最高真理と同型的 (konform) となることを通じ、知解は出来事になると理解されるのである[39]。

さらにバルトによれば、アンセルムスは信仰対象に固有な根拠としてのratio、すなわち神のratio概念について語る際、このratioにnecessitas概念を結びつけた。バルトはこの概念を、法則に適っていること (Gesetzmäßigkeit) と理解し[40]、人間のratioが神のratioを待ち望む (erwarten) ことを意味する[41]。信仰対象が有する根拠、すなわち、神のratioは啓示において示されており、信仰の中で確かとなる[42]。バルトは啓示を神の現臨 (Gottes Gegenwart)、神との出会い (die Begegnung mit Gott) として論じる[43]。つまり知解とは対象を客観化せず、その営みを極めて主体的な関わ

36　Ibid., S.174. 同書225頁。
37　Ibid., S.46. 同書56頁。
38　Idem. 同書56頁。
39　Ibid., S.47. 同書57頁。
40　Ibid., S.49. 同書61頁。
41　Ibid., S.48. 同書60頁。
42　なお、バルトの著作『知解を求める信仰』では、啓示とは、「キリストを括弧に入れる (remoto Christo)」ことというアンセルムスの神学的綱領に則して理解されているため、直接的にイエス・キリストとしては表示されない。Ibid., S.42. 同書51頁。
43　Ibid., S.154. 同書198–199頁。

第4章 『教会教義学』「神論」における神理解　　　119

りのもとで遂行する。この主体的関係のもと信仰対象の根拠は、存在せずにはおれないもの（das-Nicht-Nicht-Sein-Könnende）として探求される[44]。アンセルムスはこの認識的必然性にいたる経緯を信仰に基礎づけられた次の信頼に見出す[45]。つまり諸概念と判断を構成する理性的諸力の、まことの使用（ein wahrer Gebrauch）があり、さらに信仰対象の存在に伴う合理性に対応し、その合理性と必然性が有する力としての認識的必然性を経験可能とする、まことの認識的理性（eine wahre noetische Rationalität）が存在するとの信頼である。この信頼に基づいてアンセルムスが神の存在証明を行うとバルトは論じる。

　それでは、バルトはアンセルムスの神学思惟の考察を通じて、神と人間との関係性をめぐる理解に関して、どのような着想を得たのであろうか。アンセルムスによれば、在ルトコロノモノを在ルと表示するとき、その表示は真デアリ（verus）、正シイ（rectus）[46]。また、このように、ある事柄と、それを示す表示が一致するとき、その命題は真理（veritas）であり、正直（rectitudo）であると言われる。そこで一見すると、真理概念とは単に物事が露わな状態を示し、正直概念は人間の表現が物事そのものと合致した状態を指すように思えるが、正直概念は単に物理的規定や修辞的規定だけでなく、倫理的規定を表すこともできるため、真理概念に比べてより広義な概念だと言える。アンセルムスの著作『モノロギオン』および『真理ニツイテ』における真理観によるならば、地上には神の知らない事象は存在しない。そして被造物における全ての真理は、神の真理すなわち最高真理の反映である[47]。この反映が正直本来の意味であると筆者は理解する。それゆえにこの正直はその表示がなされていなくても決して失われない。なぜ

───────

44　Ibid., S.52. 同書64頁。
45　Idem. 同書同頁。
46　St. Anselmi, Cantuariensis Archiepiscopi, *Opera Omnia, Tomus Primus*. VolumenI ; hrg. von Franciscus Salesius Schmitt, Friedrich Frommann Verlag, Günther Holzboog, Stuttgart-Bad Canstatt, 1968. *De Veritate*, S.178.
47　古田暁訳『改訂増補版　アンセルムス全集』856頁。なお、「反映」という理解は、翻訳者である古田の脚注に拠る。

ならば，ある表示の正しさの規準としての正直は，その表示の外的事情からその原因を得ており，その正直の表示が外的事情を規定するのではないからである[48]。この理解に従うならば，アンセルムスにおける真理概念と正直概念の関係は次のように整理されるであろう。すなわち，全ての事柄に先んじて最高真理があり，最高真理との関係において被造物が調和もしくは一致した在り様が正直として示される，ということである。アンセルムスはこのような一致ひとつをとっても，その究極的原因は最高真理ノ正直（rectitudo summae veritatis）に存すると述べる。

　この正直を理性的諸力に基づいて人間は判断し理解する。このゆえに，アンセルムスは真理を精神ニヨッテノミ感知可能ナ正直（rectitudo mente sola perceptibilis）だと定義する[49]。また理性的諸力のうち，とりわけ意志における正直が言及される際には，意志ノ正直（rectitudo voluntatis）として表現する[50]。この意志は正直を望みつつ保持しようとする。この意志の正直は，最高真理の正直から「恩寵」によって全ての理性的被造物に無償で附与される[51]。この意志の正直を，正直以外の何ものにも根拠を有することなく保持することが正義であり，また，それゆえにこの正直を受けること，有すること，望むことという三つの行為は相互に規定しあう[52]。反対に，理性的被造物から意志の正直が失われる機会がある場合は，その理性的被造物の意志が正直以外の何かを自発的に望んだことに基づくとされる[53]。この正直を放棄するならば，人は自力で正直を回復することは不可能であり，意志は有益ナモノ（commodum）を過度に欲するにいたる。有益ナモ

48　St. Anselmi, Cantuariensis Archiepiscopi, *Opera Omnia, Tomus Primus.* Volumen I; hrg. von Franciscus Salesius Schmitt, Friedrich Frommann Verlag, Günther Holzboog, Stuttgart-Bad Canstatt, 1968. *De Veritrate*, S.198.
49　Ibid., S.198.
50　Ibid., S.193.
51　Ibid., S.266.
52　Ibid., S.192.
53　St. Anselmi, Cantuariensis Archiepiscopi, *Opera Omnia, Tomus Primus.* VolumenI; hrg. von Franciscus Salesius Schmitt, Friedrich Frommann Verlag, Günther Holzboog, Stuttgart-Bad Canstatt, 1968. *De Liberate Arbitrii*, S.215.

第4章　『教会教義学』「神論」における神理解　　　　　　　　　　121

ノは有害（imcommodum）と対置され，意志の正直との調和が保たれている限り，人間に至福（beatitudo）[54] をもたらす善（bonum）[55] である。しかし意志の正直を放棄した人間は，この有益ナモノに幻惑され，正直を再び提供されたとしてもそれを拒むか，または仮に受け容れたとしても放棄するにいたる。このように正直が不在の場合，意志は不正となる[56]。これはアンセルムスには罪として理解される[57]。ただしこの事態は意志の正直が欠けた場合において，理性的被造物としての人間における，正直を知る素質の否定にはならない。むしろ，この素質を再び自覚させる契機となるのが知解のわざである。知解のわざは，人間の具体的な営みとしては対話的手法によって行われるとアンセルムスは論じ，バルトもこの手法を肯定する。

3.「神の名」をめぐる考察

バルトによれば，以上のように筆者が考察したCredo概念，ratio概念，そしてrectitudo概念の特質に則して，アンセルムスは自らの著作において知解のわざを遂行する。バルトは『知解を求める信仰』において考察する神概念を『プロスロギオン』においてアンセルムスが用いた，対論者ガウニロとの対話的表現の中に探し求める。アンセルムスが用いる神概念は，「神の名」を通じて表示される。その名とは，ソレヨリモ偉大ナモノハ何モ考エ得ラレナイ何カ（aliquid quo nihil maius cogitari possit）である。

54　St. Anselmi, Cantuariensis Archiepiscopi, *Opera Omnia, Tomus Primus.* VolumenII; hrg. von Franciscus Salesius Schmitt, Friedrich Frommann Verlag, Günther Holzboog, Stuttgart-Bad Canstatt, 1968. *De Concordia. III,* S.286.

55　St. Anselmi, Cantuariensis Archiepiscopi, *Opera Omnia, Tomus Primus.* VolumenII; hrg. von Franciscus Salesius Schmitt, Friedrich Frommann Verlag, Günther Holzboog, Stuttgart-Bad Canstatt, 1968. *De Concordia. I,* S.258.

56　St. Anselmi, Cantuariensis Archiepiscopi, *Opera Omnia, Tomus Primus.* VolumenII; hrg. von Franciscus Salesius Schmitt, Friedrich Frommann Verlag, Günther Holzboog, Stuttgart-Bad Canstatt, 1968. *De Concordia. III,* S.286.

57　St. Anselmi, Cantuariensis Archiepiscopi, *Opera Omnia, Tomus Primus.* VolumenI; hrg. von Franciscus Salesius Schmitt, Friedrich Frommann Verlag, Günther Holzboog, Stuttgart-Bad Canstatt, 1968. *De Liberate Arbitrii,* S.212.

この名の特質を流動的（beweglich）であると指摘した上で[58]、バルトはこの神の名を次のようにドイツ語に翻訳する。すなわち „Etwas über dem ein Größeres nicht gedacht werden kann."である[59]。この定式的表示の語義に立ち入って理解するためには、この名の語ってはいない事柄に注意を向けなければならない。この名は実のところ神について人間が現実に考える最高のものであるとは語っていない。また人間がその可能性として考えられ得る最高のものであるとも語ってはいない[60]。アンセルムスが示した神の名の特質は、その名の示す対象たる神について人間が実際に考えることに、あるいはまた、ただ考えることができるということだけにも全く依存していないように見える点にある[61]。このゆえにバルトには神の名を論じる際には、認識的内容を示す概念が必要である。この名に示される神概念は、禁止命令の形式で、神が何者であるかを語る[62]。バルトによれば神とは、純粋ニタダ概念的ニシカ定義サレナイモノ（une definition purement conceptuelle）であり、この概念の中では表示された対象の存在と本質に関するどのような言明も含まれない[63]。したがって、この概念から分析的に引き出せるものは何もなく、またそのゆえにこの概念は神論の圧縮された、後から展開可能な定式であるとも言い難い。バルトは、アンセルムスの示した神の名に基づき、神認識のためには神の「他のところでの」啓示が前提されていると論じる[64]。それゆえにこの神の名、他方においては神の啓示との間に証明できる厳密な関連性が成り立つ限り、神の存在と本質に関する言明の必然性が生起する。その道筋において、神の名という前提は疑

58　FQI, S.75. カール・バルト著, 吉永正義訳「知解を求める信仰」『カール・バルト著作集8』91頁。
59　Ibid., S.76. 同書91–92頁。
60　Idem. 同書同頁。
61　Idem. 同書同頁。
62　Ibid., S.77. 同書91–92頁。
63　Idem. 同書92頁。
64　Idem. 同書同頁。

いなく神学的な性格を有すると，バルトは述べる[65]。バルトは，アンセルムスには神の名が一般的な人間的知識の単なる構成要素ではなく，信仰命題と見なされたと指摘する。同じく神の存在証明も信仰命題であるとの前提を踏まえて遂行されると規定する。この場合アンセルムスは，創造主の前に被造物として立つ[66]。バルトに則すると，アンセルムスによる神の存在証明が遂行される際，第一に神の名はCredoから読みとられた，信じられているが理解はされてはいない，神の存在を問い尋ねる機能を有する。この機能によって神の存在は，未知なものから知られたものへと変えられる。そして第二には，この道筋を通じて神の存在が，信じるに値するものにはいたらないまでも，洞察しうるものとされなければならない[67]。

以上の考察に基づいて，アンセルムスによる神の名の発見へのバルトの注視と理解が[68]，神の存在証明を特別に神学的な思惟に結びつけられた拘束性からの解放に向けられているのではなく，むしろ反対にこの拘束性へ導き入れようとしている点について概観した。続いてバルトは『プロスロギオン』におけるアンセルムスの対論相手ガウニロによる神の名についての誤解について考察し，アンセルムスの神の名の発見が単なる否定神学や不可知論と同一視されないことを裏付けようと試みる。

ガウニロは人間が神の名を聞くに際して，全ての直観と有用な一般概念を欠いていると主張する。このゆえに人間は神に関する真理を聞くことはできない。言い換えれば，ガウニロは神の不把握性概念を堅持しており，人間の言葉とは本来は把握できないものを把握しようと欲する意味深い象徴以上のものではない[69]。筆者の理解に則するならば，ガウニロはアンセルムスの提唱した神の名を信仰命題としては理解していない。そのゆえにガウニロは，アンセルムスの提唱した神の名をスベテノモノヨリモ偉大ナ

65　Idem. 同書同頁。
66　Ibid., S.79. 同書95頁。
67　Ibid., S.77. 同書92頁。
68　Ibid., S.81. 同書96頁。
69　Ibid., SS.80–81. 同書97–98頁。

何カ（aliquid, quod est maius omnibus）であると誤解する[70]。もちろんアンセルムスによる神の名に基づく神の存在証明も，そのものとしては神の不把握性との関わりを免れ得ない。しかしその証明は，思弁的にではなく，比喩ヲ通シテ（per simlitudinem）考えられたとの留保のもとに遂行される[71]。この留保は，真理そのものとしての神が，証明の内容を絶えず満たす必要性を意味する。バルトに則するならば信仰命題としての神の存在証明にいたる諸概念は，実のところ神の本質そのものについて何も示さず，むしろ神の本質をめぐる考え方の法則（eine Denkregel）を成り立たせる点に制約されている[72]。以上の考察の結論として，ガウニロは神の存在証明を一般的な概念として理解する姿勢を堅持する。その一方でアンセルムスは神の存在証明を信仰命題として見なした上で遂行する。

　さらにアンセルムスは，神の不把握性や神概念の不適切さについても信仰の中で知られると主張する[73]。またアンセルムスとガウニロの神理解をめぐる態度の相違は，言葉をめぐる両者の理解にも表れている。ガウニロの場合，言葉そのものと対応する直観が存在する場合に，人間は言葉そのものの空虚さから解放されはするものの，目指されている内容としての神を念頭にしていてはいつまでも空虚さに留まらなければならない，虚しい言葉である[74]。ガウニロがアンセルムスにより得られた知解の要素を拒否する態度に留まった点や，神の存在をめぐる信仰命題には知解させる力が存するか否かという問いについて単に空虚な言葉として示す他なかった点は，ガウニロが示すこの理解からも明らかである。ガウニロの場合は神とは思惟する者自らが被造物，そして神自らを創造主と規定する関係に依拠して思惟しない。ガウニロが思惟する神概念とは，あくまでも人間の観念の産物に留まることを特質とする。その反面，アンセルムスの示す神概念

70　Ibid., S.85. 同書104頁。
71　Ibid., S.82. 同書99頁。
72　Idem. 同書同頁。
73　Idem. 同書98–99頁。
74　Ibid., S.83–84. 同書101–102頁。

は，啓示概念に基づく，ソレヨリモ偉大ナモノハ何モ考エラレ得ナイ何カと称する名が，禁止の特質を帯びながら神概念を探求する者に出会う点に独自性が存する[75]。神学がこの誡めを堅く手放さず，信仰の認識的な根拠してのratioが，信仰の対象としてのratioでもある存在的な根拠に従うことにより，従って神学が神の名を信仰命題として前提とすることにより，存在的な根拠としてのratio性から切り離すことのできない存在的な必然性という道筋を通って，信仰の認識的な必然性が明らかになり得る。バルトによれば，この論拠により神学は信じられたものを知解する，つまり証明することが可能となる[76]。この意味で『プロスロギオン』の神概念は人間を知解させる力を有する。以上のバルトによる考察をまとめるならば，アンセルムスによる神概念の定義とは，イクラカデモ理解サレ得ルモノ（alliquantenus intelligibilis）である[77]。このイクラカデモ（aliquatenus）を，決シテ……ナイ（nullantenus）と見なそうとする者や，この神の名に対して知解の力を否定する者，あるいはこのいくらかあるもの（Etwas）を無（Nichts）とする理解は，アンセルムスには的外れだと映る[78]。

以上の考察で明らかにされたアンセルムスによる神の存在証明の諸前提や神学思惟は，『教会教義学』において重要な役割を果たす。本論文第4章第1節序文で筆者が論じた通り，バルトは『教会教義学』の中でアンセルムスの文章をしばしば引用して自らの神学思惟の整理を試みている。次に筆者は，『教会教義学』「神の言葉論」のテキストにおける幾つかの事例をもとに，バルトのアンセルムス理解についての考察を試みる。

4.『教会教義学』におけるアンセルムス解釈

バルトは『教会教義学』「神の言葉論」の第1章第1節2の中で，研究としての教義学への要請をめぐり，アンセルムスの『何故神ハ人トナリ給ウ

75　Ibid., S.85. 同書102–103頁。
76　Idem. 同書103頁。
77　Ibid., S.84. 同書102頁。
78　Ibid., S.85. 同書103–104頁。

タカ』を引用し，対話の相手が質問する事柄を立証スルトイウヨリモ，アナタトトモニ探究スルコトを欲しているとする。アンセルムスが信仰ノ知解において強調するのは，信仰深い仕方に基づいた読ムコトの繰り返しではない。むしろアンセルムスが重んじる知解の道筋とは，聖書と教義の権威による基礎づけをせずに，聖書と教義の中ヲ読ムコト，そして黙想ニオイテ行ウ証明ハドノヨウナ事モ聖書ノ権威ニ全ク頼ラズ（略）私タチガ信ジテイルコトハ，聖書ノ権威ヲ借リズニ，（略）証明サレ得ルコトである。バルトはさらに教義学的な研究と権威ある引用（Zitat）の区別の規準となる命題を理解する際には，アンセルムスの神学的方法論の特質を示すキリストニ全ク何事モ起コラナカッタカノヨウニ彼ヲ括弧ノウチニ入レ（略），キリストニツイテ（略）何事モ知ラレナイコトトシテ表示されることが有効であると考える[79]。『教会教義学』のテキストでの教義学の学問性の基礎をめぐる神学思惟についてバルトがアンセルムスの影響を深く受けている事実はこの点からも明らかである。

　さらにバルトは『教会教義学』の重要な課題の一つでもある，信仰命題としての神認識について『プロスロギオン』第1章を引用する。とりわけその引用の中でアンセルムスが祈りの形式で，神は自らの存在と本質への理解と解明に着手した思惟者に現臨するかどうかという問いを提起する点を指摘する[80]。アンセルムスは，神の現臨の中に自分がいるとは決して考えてはいない[81]。ただしバルトは『教会教義学』でアンセルムスが自らを神の現臨の中にいるとは見なさない態度に基づいて，神の形而上学的な不把

79　Karl Barth, *Die Kirchliche Dogmatik, Die Lehre vom Wort Gottes, Prolegomena zur Kirchlichen Dogmatik, Ersterteil, Einleitung, Das Wort Gottes als Kriterium der Dogmatik*, Studienausgabe 1, Theologischer Verlag Zürich, 1986, SS.15–16. カール・バルト著，吉永正義訳「神の言葉I/1」『教会教義学』32–33頁。

80　KD I/1, S.242. 同書459頁。

81　アンセルムスはこの事態を「二重の意味で」と理解する。この「二重の」という意味とは，バルトの注釈のコンテキストに則するならば，第一には，被造物としてのアンセルムスが神を探究の対象とする点，そして，第二には，アンセルムス自身もまた罪人である点を指していると，筆者は解釈する。

握性について言及せず，神の秘義について語ろうとしている点を確認する。その根拠はアンセルムスが「アダムの子」としての罪人の状態を承認した上で，なおも神の現臨を待望する不安を絶対視してそれに囚われずに，ひとりの人間の相対的な不安として理解する点に存する[82]。そしてバルトは神認識の道筋において，信仰を「その対象を待ち望む態度」として位置づける[83]。この対象とは，人間にはその罪性のゆえに隠されているのではあるが，同時に神自らを認識できる新しい立場に人間を移し，この新しい立場において繰り返し探求され見出されることを望む神である。バルトによれば，神は信仰にとって神の言葉の対象性をなし，かつ神の言葉の外部性を帯びるイエス・キリストの中に隠されている。そして人間が神を見出すためには，神は自らを人間に教え示さなければならない。この信仰の対象によってキリスト教の信仰は立ちまた倒れもする[84]。

　バルトはこのように，アンセルムスの神の存在証明に固有な，神の名に関わる解釈の可能性において，神の秘義に関する神学思惟を導き出そうとする。ただし神認識をめぐる道筋においてバルトがアンセルムスと異なる点は，アンセルムスがガウニロとの対話の中で神の存在証明を行った手法をそのまま用いないところにある。バルトは，アンセルムスの神の存在証明の遂行の際にはCredoの一命題に過ぎなかった三位一体論に徹底的に依拠して『教会教義学』を書き進める。一例としては『教会教義学』「神の言葉論」において，神の存在証明における対話性よりも三位一体論を重視している点が，アンセルムスとは異なるバルトの特徴である。もちろんこの点については，すでに『教会教義学』の方法論における記述ですでに触れているので詳しくは論じないが，バルトのアンセルムス研究を考察する場合には決して疎かにはできない。

82　KD I/1, SS.242-243. 同書459-460頁。
83　Ibid., S.243. 同書461-462頁。
84　バルトはアンセルムスの「信仰の対象」への人間の関わりを，メランヒトンによる信頼（fiducia）概念によってさらに強化している。Ibid., S.247. 同書468頁。

■ 第2節 「神論」における秘義概念の役割

1. 三位一体論の秘義的性格と神論における秘義概念

　筆者は第4章第1節の考察において、バルトがアンセルムス研究より得た神学思惟の着想を基盤として神学、とりわけ教義学を聖書の釈義に基礎づけられた信仰命題として扱う点を確認した。すでに考察した通り、バルトの神学思惟がアンセルムスのそれと異なるのは、アンセルムスの神学思惟の主たる関心事たる神存在の証明の場合が三位一体論も含む広い範囲における教理をもとにしたCredoそのものを重視している一方で、バルトの場合はCredoの中でもとくに三位一体論に重点を置いて『教会教義学』全体の構想とする点である。その理由は、バルトの三位一体論が『教会教義学』の方法論と関連しているところにある。バルトはシュライアマハーの『信仰論』での三位一体論の扱いを肯定しつつ、次のように述べる。「三位一体論は、シュライアマハーが正しく見また語ったように、それはキリスト教的自己意識の直接的な陳述として理解されえないという点で、ほかのキリスト教の教説からぬきんでている。（略）われわれはこのシュライアマハーの神学が啓示という言葉で理解している事柄から三位一体論に向かう接近が全く不可能なこと、また真の啓示が扱われるところでは三位一体論に真っ先に注意が払われ熟考されるべきであることの間接証拠として受け取る」[85]。

　さらに筆者が注目するのは、バルトがアンセルムスによる神の存在の証明の中で見出した神の名が、神の存在証明をめぐる不可知論ではなく秘義を示す特質である。バルトが扱う秘義概念は三位一体論や神論をめぐる理解において、啓示概念と不可分である点から鑑みて重要である。なぜならばバルトは、三位一体論をキリスト教の神論そのものとして、したがって

85　KD I/1, S.320. カール・バルト著、吉永正義訳「神の言葉I/1　神の啓示〈上〉三位一体の神」『教会教義学』新教出版社、1995年、459頁。

三位一体論こそ確かにキリスト教の啓示概念をキリスト教の啓示概念そのものとして，すべてほかの神論および啓示概念から根本的に区別し抜きん出させるところのものと規定しているからである[86]。バルトのこの主張は，著書『十九世紀のプロテスタント神学』においてシュライアマハーの三位一体論を評した際の論述と内容が酷似している。この主張を踏まえながら神論との関わりの中で，まずバルトが「神の言葉論」において展開した三位一体論の秘義的性格，次に「神論」における秘義概念を考察する。

2. 三位一体論の意義について

バルトは「三位一体論の意義」と題して，狭義では『教会教義学』における，そして広義ではキリスト教神学における三位一体論の必然性を論じる。その論述は，三位一体論をめぐる素朴な問い，すなわち，聖書にはそのものとして三位一体論は登場しないのにも拘らず，なぜ三位一体論が神学において重視されてきたのか，との問いに応えるものと筆者は理解する。

バルトは，三位一体論がそのものとしては神の啓示についての旧新約聖書のテキストには記されていないという点から論述を始める。バルトにとって三位一体論とは，旧新約聖書本文の歴史的状況からは生じない[87]。三位一体論は，後の時代状況における問いを考慮しながら旧新約聖書の注釈として語り始められる。この注釈は，教会にその起源を有することにより教義として規定される。バルトは三位一体論の根の問題に関する考察を前提とし，聖書を規準にして諸教理の形成を試みた教会の中で，その教えがやがて教義となった道筋を探究した。その結果，聖書に証しされている啓示とは，人間には隠されている神の自己開示の中に存すると結論づけるにいたった[88]。この自己開示は，もちろん本来は人間に開かれている。バルトは聖書の証言に依拠し，神の隠れ，神の顕示，神の伝達という三つの

86　Ibid., S.318. 同書15頁。
87　Ibid., S.396. 同書152頁。
88　Idem. 同書同頁。

概念を念頭に入れて，聖書の証言に則して自己を啓示した神が三つの存在様式を有する点を論じる[89]。バルトはこの契機を通じて，聖書の中での可能性として神の啓示概念をめぐる「神は，主なる神として自らを啓示する」という命題を，三度異なる意味で解釈する可能性を視野に入れながら定立する。ただしこの可能性は聖書の中で暗示されるに留まる。したがってその考察は，実証的な歴史的視点のみに依拠するならば無意味である。三位一体論とはあくまで信仰命題であり，信仰の決断ぬきにその意味を積極的には問い難い。信仰の決断を経て初めて，三位一体論を神的真理と関わる命題として考察する道は拓ける。この信仰の決断は，ローマ・カトリック教会，東方正教会，そしてすべての福音主義教会に通じる特質である。さらにバルトは三位一体論を通して答えられた問いが，神の啓示への問いと不可分な聖書の中に証しされた事実に関する，特定の問いであると理解する。これがバルトの理解する三位一体論の意義である。換言するならば，三位一体論をめぐる問いは，啓示をめぐる問いと不可分である。バルトはこの理解を踏まえた上で，三位一体論がアリウスに代表される従属説，サベリウスに代表される様態論の拒絶を示すと論じる。ただしアリウスの従属説，サベリウスの様態論の双方の教説を扱う際に，バルトは必ず次の一文を加える。「われわれは問う，教会がそのことをしたのはよかったか，あるいはよくなかったか，と」。バルトはこの留保によって三位一体論をそのものとして唯一正統な教義と見なす，諸信条への教条主義的な立場から距離を置き，教会史において異端視された諸教理に対して断罪する態度に再考を促している[90]。さらには，三位一体論の問題は聖書の中で定立されはするものの，そのためには聖書が常に問題解決の尺度として機能することを前提とする。バルトは同時に，三位一体論の示す方向づけが適切であるとしながらも，「さらによりよい教えが形成されるまでは」とのさら

---

89 そして，この契機において，筆者が第1章ですでに考察した「三位一体論の根」概念に，「聖書的」という性格が付与される。
90 Ibid., S.402. 同書163頁。

なる留保を加えて、三位一体論の信仰命題としての相対化を決して忘れない[91]。この態度を踏まえるならば、この三位一体論理解には、特定の教理を教条化しないという点で、エキュメニズムに根差した発展的可能性の萌芽を看取できる。こうしたバルトの神学思惟の展開にも、多くの信仰命題のひとつとして三位一体論を捉えようとするアンセルムスの影響が濃厚であると筆者は確認した。

3.「三位一体ノ痕跡」をめぐる神学思惟——三位一体論の根概念の強調

ところで、第1章第2節以降で考察した三位一体論の根概念について、バルトは『教会教義学』「神の言葉論」において「三位一体ノ痕跡 (Das Vestigim Trinitatis)」を論じる。筆者は三位一体論の根概念へのバルトの扱いをさらに厳密に辿るために三位一体ノ痕跡をめぐる神学思惟に立ち入る。なぜならば、三位一体論の根概念が、三位一体論の不可知性ではなく秘義性を示す概念であるならば、この概念とともに三位一体論の必然性を示す三位一体ノ痕跡についても考察する必要があるからである。また、この神学思惟への補足的考察を通じて、バルトが啓示、聖書、宣教という神の言葉の三形態の着想を得た経緯を同時に理解できるのではないだろうか。

バルトによれば、聖書の啓示概念を徹底して単純に分析すれば、神が父、御子、聖霊という三重の仕方でひとりの主であることを示すにいたる。バルトはアンセルムスによるCredo概念に基づいた三位一体論理解を自らの神学思惟にひき寄せ、聖書の啓示概念そのものが三位一体論の根であると定義する[92]。その上で「根」とは啓示概念にのみ由来すると指摘する。バル

---

91 Ibid., S.404. カール・バルト著、吉永正義訳「神の言葉I/1　神の啓示〈上〉三位一体の神」『教会教義学』165頁。
92 すでに筆者は、第1章で、「三位一体論の根」という表現が、あくまでも、啓示それ自体と、啓示を解釈する教会との距離と関係、さらには、神学思惟の遂行者との距離と関係を示す概念であるとして理解した。そして、この理解に加えて、筆者は、バルトが、この「根」概念に、啓示それ自体との距離と関係をめぐり、そのものとしては知覚が不可能でありながら、神学の対象との絆を解明する上で是非とも考慮しなければならない、啓示に存する秘義としての重要な性格を示す役割を備えた

トはこの指摘をめぐり，特別に注意を向けなければならない事柄として，三位一体ノ痕跡概念を指摘し，三位一体論の第二の根としても想定し得る可能性を論じる[93]。この際にバルトが課題とするのは，三位一体ノ痕跡概念が世を超越する創造主なる神の痕跡として理解されるべきなのか，それとも内在的に理解され，被造物としての宇宙万物の諸規定さらには人間的な現実の諸規定として理解されるべきなのかという問いである[94]。

　バルトが示す三位一体ノ痕跡の第一の範例は，アンセルムスが三位一体論を説明する際に用いた自然（Natur）である。バルトはこの論述に際しアンセルムスが三位一体論を説明する際に用いた，ナイル川の全体として泉と川と海があり，泉と川と海はそれぞれ異なるが三者ともナイルであるとの比喩をあげる[95]。次の範例とは文化であり，この際にバルトはルターが中世の学問の諸学科としての言語学（Grammatica），弁論術（Dialectica），修辞学（Rhetorica）を三位一体論の説明として用いた事例を示す[96]。さらにバルトは第三の範例として歴史をあげる。それはペトロ的に父の国としてまとめられる過去の国，おそれの国，パウロ的に御子の国としてまとめられる，現在の国，真理の国，そしてヨハネ的に霊の国としてまとめられる，将来の国，愛の国という三つの国が，旧約聖書的，新約聖書的，およびキリスト教的・教会的時代の中で考えられたとする[97]。以上の範例に加え，バルトは第四の範例に宗教をあげる。バルトは三位一体ノ痕跡と関連してすでに中世において主観的な宗教的意識の諸現象を示すわざと種々の概念が存したと述べる。それは認識（cogitatio），熟考（meditatio），冥想

　　としての解釈を行った。バルトの神学思惟においては，啓示と秘義は不可分の概念であるため，筆者の理解は，バルトの定義の射程内に存すると考える。Ibid., S.324. 同書26頁。
93　Ibid., SS.352–354. 同書76–77頁。
94　バルトのこの問題設定自体が，シュライアマハーの三位一体論を強く意識していることは，本論文のこれまでの考察を踏まえるならば，明らかである。
95　Ibid., S.355. カール・バルト著，吉永正義訳『神の言葉I/2　神の啓示〈上〉三位一体の神』『教会教義学』80–81頁。
96　Ibid., SS.355–356. 同書81頁。
97　Ibid., S.356. 同書81–82頁。

（contemplatio），あるいは信仰，理性，冥想，または西方キリスト教神秘主義の，その本質と秩序が三位一体を反映するところの清メノ道，照明ノ道，直観ノ道である。その場合E・ヴォッベルミンの主張した，キリスト教的・三位一体的唯一神教にとって，すべての宗教的信仰の根本的確信は，宗教的依存感情，宗教的保護感情，宗教的憧憬の感情の中に表現しつつ宗教の三要素を含む限りその結論をもたらすとの論考を，宗教における三位一体ノ痕跡の裏付けとして用いる[98]。そして最後の範例として登場するのが人間の精神である。バルトは人間の精神に関してアウグスティヌスの人間論を用い，まず精神の内的知覚の能力としての知性，次に外的知覚の能力としての認識，そして複数の事柄との関連の下で発揮される知覚としての愛を指摘する[99]。さらには，三位一体（trinitas）という概念もまた論理学の領域で見出された三位一体ノ痕跡として理解される[100]。

　バルトはこれらの三位一体ノ痕跡を，被造物ノ中デノ三位一体と称するよりも，三位一体ノ中デノ被造物ノ痕跡と称した方がよい「何か」を指摘しようと欲していた，と三位一体痕跡概念の厳密な定義に先んじて，この概念が示唆する事柄に踏み込んで論じる[101]。三位一体ノ中デノ被造物ノ痕跡概念は，自らを啓示する神の三位一体の中で被造物的形態をとる限りにおいて妥当する[102]。さらに厳密に言うならば，すでに述べた痕跡（vestigia）についての発見は，三位一体が含む力に対する信頼の表現であり，理性が啓示を表現する能力への信頼を言い表すのではなく，理性を支配する啓示の力への信頼の表現である。バルトはこの「表現」という言辞に基づいて三位一体ノ痕跡をめぐる種々の議論では，神学的言語が問われていたと理解する。神学的言語はそのものとしては世の一般的な言語と異ならない。しかし神学はこの言語を用いつつ神の啓示について語らなければならな

98　Idem. 同書82頁。
99　Ibid., S.357, 同書83頁。
100　Ibid., S.359, 同書87頁。
101　Ibid., S.355, 同書88–89頁。
102　Ibid., S.360, 同書89頁。

い。これがバルトの規定する三位一体ノ痕跡をめぐる議論の根本原理である。この原理に則するならば，三位一体ノ痕跡をめぐる議論は，神学的言語が放棄された場合，三位一体論を聖書から導き出す営みと同じく，自己意識からも基礎づけられ得るとの考えが必然的に生じる点で重要である。この神学的言語は，バルトがアンセルムスとガウニロの対話をめぐって論じた信仰命題と特質を同じくする。

　それでは神の，三位一体ノ痕跡はそのものとして存在するのであろうか。バルトは被造物ノ中デノ三位一体が存在すると主張する[103]。その例証とは，神自らが啓示において，人間の言葉，世，人間性の中で用いた形態から成り立つ。人間が自らの耳と概念で神の啓示を聴くという事柄，また啓示が神の言葉の宣教であるという事柄，そして同時に人間の生の中に存するという事柄が，父，御子，聖霊の三重の仕方において同一の声となる[104]。この道筋において，神は三位一体ノ痕跡を創り出す。人間のために，神の言葉の三形態としての神の啓示，聖書，宣教の中で，神が存することが指し示される場合にはすでに述べた第二の根についてではなく，三位一体論の根と同一の事柄が示されている[105]。これこそ信頼に足る三位一体ノ神ノ痕跡であり，三位一体ノ中デノ被造物ノ痕跡と呼ぶに相応しい。教会が三位一体論を放棄しないのであれば，同時に，三位一体論の唯一の根を堅持しているとの規定に立つ[106]。バルトが『教会教義学』の中で三位一体論を説明する際に用いられる啓示者，啓示，啓示されてあること（der Offenbarer, die Offenbarung, und Offenbarsein）との概念もまた，この道筋において一致する[107]。

　以上の考察をまとめるならば三位一体ノ痕跡との関わりにおけるバルトの三位一体論の根概念は，結論としては唯一であり第二の概念は存在しな

103　Ibid., S.366. 同書99頁。
104　Ibid., S.367. 同書同頁。
105　Idem. 同書同頁。
106　Idem. 同書100頁。
107　Ibid., S.311. 同書3頁。

い。ただしバルトが三位一体論の根には第二のものが存するとの仮定を通じて，三位一体論の根概念の重要性をあらためて際立たせているという点では第二の根の想定は決して無意味ではない。繰り返すが三位一体論の根概念として，バルトは直接には啓示そのものを論じようとする。この経緯の中で，バルトは三位一体論を信仰命題として示す際に重要な秘義的性格を示唆しているのではないだろうか。たとえば，啓示者，啓示，啓示されてあることという命題も三位一体ノ痕跡の一例であり，この概念に則して，啓示は啓示者としての神の秘義と区別される。その一方でこの区別とは対照的に，啓示は隠されたものを露わにする出来事として秘義概念と関わりつつ生じる。そして啓示と啓示者に共通する事柄として，啓示されてあることとの概念が存する。こうした三位一体論をめぐる啓示と秘義との関係について，バルトは神の覆い隠しが存する故に，神が自らの覆いをとり去ることがあり得，そして神の覆い隠しと啓示が存する故に，神の自己伝達が生じると論じる[108]。この主張を発展的に理解するならば，三位一体論の秘義概念の考察は，神自らの秘義の考察へと進展するにいたる。なぜならば，バルトは三位一体論が神の単一性の決定的な強化であると見なしているからである。こうしたバルトの神学思惟をさらに考察するために，筆者は『教会教義学』第II巻を軸とした神論を考究する。

■ 第3節　神の自由の秘義
―― 内在的三位一体論と御子の受肉

1.「試練の神論」の道筋

　バルトは，『教会教義学』第I巻第2分冊で，「神論」を，「創造論」，「和解論」，「救済論」に先立つ主題とし，教義学の古典的な伝統の線に則しながら，その全体の枠組みを三位一体論に基づいて動的に展開してきた。この論述は『教会教義学』を神学として特質づけるしくみの解説だけには

108　Ibid., S.383. 同書131頁。

留まらない。その理由は『教会教義学』第II巻第1分冊「神論」第27節2において、この円環運動の反復としての神ノ真理ノ循環（circulus veritas Dei）が[109]、神の慰め（Trost）を絶えず必要とする試練（Anfechtung）を伴う[110]、服従（Gehorsam）の行為でもあるとされているからである[111]。人間の神認識はあくまでも間接的であり、神の自己認識とは一致しない[112]。同時に神認識は人間の善なる行為を絶えず喚起するとの規定に則って[113]、人間が神認識を遂行する際には、善なる行為に不可避的に存する試練に対して絶えず神の慰めが必要とされる。そのわけは、神認識に伴う善なる行為が、神認識の対象たる神の啓示を与えられた感謝（Dank）としての犠牲（Opfer）をも同時に要求するからである[114]。対照的に、バルトは神認識の行為が神の啓示への応答としての感謝を伴わない場合には、ひどく風変わりな、攻撃しうる、まことに無防備なものとして際立つにいたる[115]。このように、神認識の行為は人間の視点からすれば極めて脆い道筋を辿るのであるからこそ、神は慰めを恵みとして人間に附与する。

　以上の理解に基づいて、筆者は服従としての特質を有するバルトの神論を「試練の神論」として理解する。そしてこの試練に伴う慰めを、被造物たる人間に及ぶ神の愛のわざとして理解する。具体的には、バルトの神論全体の構成としてほぼ中間に位置する『教会教義学』第II巻第1分冊第28–30節を考察のテキストとして絞り込み、バルトの提唱する神の内在的三位一体論における神の秘義概念を考察する。この考察に際し、バルトに

---

109 Karl Barth, *Die Kirchliche Dogmatik, Die Lehre von Gott,II,1, Die Erkenntnis Gottes*, Erstausgabe der Originalausgabe: Zürich, 1940, der Originalausgabe: Theologischer Verlag Zürich, der Studienausgabe: 1986, Theologischer Verlag, Zürich. 本論文での脚注表記では、便宜上 KD II/1 と略記する。KD II/1, S.278. カール・バルト著, 吉永正義訳「神論I/1　神の認識」『教会教義学』1979年, 454頁。
110 Ibid., SS.282–283. 同書454頁。
111 Ibid., SS.38–41. 同書63–66頁。
112 Ibid., SS.234–235. 同書383–384頁。
113 Ibid., S.244. 同書399頁。
114 Ibid., S.245. 同書401頁。
115 Ibid., S.244. 同書399頁。

よる章立てを遡ることも逡巡せずに，その神学思惟を辿る．本来ならばこの考察の際には神学全般の方法論である類比（analogia）の問題を無視するわけにはいかないが，本節では類比ヲ与エル者（analogans）としての神を軸とした神論を考究する．

2. 内在的三位一体論の展開

　バルトは，『教会教義学』第II巻第1分冊第28節冒頭の要約命題において，啓示の中で神が被造物たる人間との交わりを求め，その交わりを創造しつつ愛すると述べる．神は人間なしにも主としての自由の中で，父，御子，聖霊として愛する神である[116]．この神理解については，すでに本論文第1章でバルトにドルナーが与えた影響を指摘した通り，神の自由の中での三位一体論とは内在的三位一体論であるとバルトは規定する．この規定に基づくならば内在的三位一体論が順序としては受肉論に先立つこととなる[117]．

　バルトの神論では，三位一体論は被造物を愛する方としての神の存在を

116　Karl Barth, *Die Kirchliche Dogmatik, Die Lehre von Gott, II,1, Die Wirklichkeit Gottes*, Erstausgabe der Originalausgabe: Zürich, 1940, der Originalausgabe: Theologischer Verlag Zürich, der Studienausgabe: 1987, Theologischer Verlag, Zürich. S.288. カール・バルト著，吉永正義訳「神論I/2　神の現実　上」『教会教義学』新教出版社，1979年，3頁．
117　ところで，P・D・モルナーによれば，この三位一体論をめぐって，特に英語圏の研究者の間で，多様な見解が生じている．筆者は，モルナーの著作『神の自由と内在的三位一体』に則して，その見解の一例を提示する．モルナーは，C・M・ラクーニャが著書『われらの神――三位一体とキリスト者の生』において展開した見解をとりあげる．ラクーニャは神理解に際して，神の愛を重視する態度を維持するが，その場合神学思惟の土台となる三位一体論とはあくまでも人間の生との同一視が可能なモデルとしてのみ理解される．筆者は，ラクーニャによるこの理解はフォイエルバッハ的神理解との同一化が可能な神学思惟の枠内に留まるモデルとして理解する．モルナーによれば，このラクーニャの神学思惟の行き詰まりの原因とは三位一体論の理解に際して人間の諸経験を重視するあまり内在的三位一体論の意義を見失った点に存する．その結果として，ラクーニャによる神論の展開は超越論的視点を欠いた不可知論，汎神論，二元論にいたるとして理解される．筆者はラクーニャが内在的三位一体論を軽視した結果この教説の有する重要性を見失いアポリアに陥ったのではないかと推測する．

示す[118]。この命題の下で，神の最も内的な，隠れた本質の名，認識根拠，真理である名としての「神の行為」が啓示される。その後，この名のもとで新たに神の行為と本質が，父，御子，聖霊として規定される。この規定により，神は神である，という神概念の同語反復的な定義の有する表現上の制約が乗り越えられる[119]。ただしバルトにはこの規定を同語反復の克服以上に重視する理由がある。それは，神の行動と本質が人間との交わり（Gemeinschaft）を求め，この交わりを創造する出来事を特徴づけるからである[120]。神のこの行動と本質は，被造物たる人間が御子なるイエス・キリストにおいて神自らとの交わりの中に受け入れられるわざを示す[121]。この命題に則して神の愛が解き明かされる。

　第一に，神とは父，御子，聖霊であり，被造物の創造主，和解の主，救済の主である[122]。神が自らの子を人間に与える行為は，自らのすべてを人間に与える行為と同一である。さらには，愛の主体としての神の行為は，愛する者のために善を欲しつつ働くだけに留まらず，神が自己の外に出てその愛する者にまで神自らを伝達（commnunicatio）するわざを示す[123]。この伝達概念は神の本質規定の一つである。

　第二に，神の愛は他者の適性や相応しさを顧慮せずに交わりを創造する。この交わりの概念は，愛される側の契約や交わりに対する能力によって条件づけられない。逆に神は，被造物として疎外された者や罪深い被造物を通し，神に対して敵意を持つ者や敵対する者との交わりを求める[124]。バルトは神のこの行為を，比喩を用いて深淵（Abgrund）に橋を架けると表現する。この点において，バルト神学に対する批判として顕著な，神と

118　KD II/1, S.306. カール・バルト著，吉永正義訳「神論 I/2　神の現実　上」『教会教義学』新教出版社，1979年，34頁。
119　Idem. 同書同頁。
120　Ibid., S.307. 同書35頁。
121　Ibid., SS.309–310. 同書38–39頁。
122　Ibid., S.310. 同書41–42頁。
123　Ibid., S.311. 同書43頁。
124　Ibid., S.312. 同書44–45頁。

第4章 『教会教義学』「神論」における神理解　　139

人間との質的差異に基づく二元論的神学思惟構造との指摘も妥当しなくなる。

　第三に神の愛は自らを目的とする。神の愛において意志される全ての目的は、神の自己目的の中に包摂されて初めて明らかとなる[125]。

　第四に神の愛の対象は全ての要求から自由である。神自らが他者を愛するとの自己規定の中で、神の愛は自己充足を越えて満ち溢れ、他者のためにも全てであろうと欲する[126]。この規定は、第三の規定とは矛盾しない。この、神の愛に存する二重の性格について、バルトは神と被造物たる人間の永遠の相互関係として理解し、この相互関係が神に基づくと論じる。

　以上が内在的三位一体論に基づく、神の本質たる愛の概要である。この神の愛を人間的に示す人格こそ、子なる神としての人間性を有するイエス・キリストの人格である[127]。バルトはイエス・キリストの人格を通して、人間が神についてパラドックスを承認せずに人格的に語り得ると理解する。ところで神論をめぐるこの見解は『教会教義学』における神学思惟の考察にあたり要の一つをなす。その理由は、神概念に含まれる神の絶対性概念と人間性概念とが弁証法的に限界づけられ、神の特徴を論じようと試み、神の絶対性と人格性を越えて、ある空虚な空間 (ein leerer Raum) を指し示そうとする神学思惟が、内在的三位一体論に基づいた神学思惟を通じて克服されるからである[128]。バルトは、神が自らにおいて父、御子、聖霊でありつつ他者を愛する存在であり、父、御子、聖霊それぞれの存在様式は相互に向き合う相互内在性として、イエス・キリストの中で人格性を有するにいたると述べる。筆者はこのバルトの神学思惟の展開の中に、内在的三位一体論と受肉論との結合を見出す。

　また、この考察に則して述べるならば、バルトは内在的三位一体論に依拠しつつ、イエス・キリストの人格を通じて神の愛を語り得ると規定した。

125　Ibid., S.313. 同書46頁。
126　Ibid., SS.314–315. 同書48–49頁。
127　Ibid., S.312. 同書60頁。
128　Ibid., SS.322–323. 同書61–63頁。

すでに論じたように，バルトの内在的三位一体論は，神の単一性の強化という特質を有する。内在的三位一体論が神の愛の秘義を人間に想起させるとの規定を通じ，神の愛はその他すべての愛から区別される。この規定は，他のすべての愛を凌駕する神の愛の神性が基礎づけられることを理由とする。人間は啓示の中で神の行為と関わる際に，真実の愛と直面させられる。このとき人間は自らの内在的な証言力に基づくことなしに，被造物的な愛が神の啓示において真実の愛の対象として要求されて初めて神の愛を証しし，真実の愛との関係へと開かれることが公になる[129]。

確かに内在的三位一体論に基づくならば，自由の中で愛する方としての三位一体でないような神の完全性は存し得ない。三位一体の神は，啓示の出来事の中で完全な仕方で存在する。同時にこの完全性は神の啓示の中で永遠にわたり同一の神の中にだけ存する[130]。バルトの神学思惟の中で，聖書は神を「栄光の主」として，言葉のあらゆる比喩的性質にも拘らず保証する。同時に，聖書は単なる未知な経綸に人間を関与させない。主の栄光と一体である聖書的単一性は，神的完全性をめぐる教説と不可分である。その課題とは，主の栄光と一体である聖書的単一性を記述することに存する[131]。

バルトはこの論述に立ち，神的完全性としての特質も有する，神の単一性の記述において内在的三位一体論をより精密に展開する。すでに論じた「栄光の主」概念には三つの存在様式での一なる神が対応しており，様態論の道筋で経綸的に理解するのではなく，神的現臨の出来事に厳密に対応しながら，一なる永遠の神自らの存在様式として，三つの存在様式を理解することが重要となる[132]。この三位一体論の理解に立つことによって神の栄光と完全性に基づきながら，その個別性と相違性の中で神の本質は考察される。神の多数性，個別性，相違性の真理とは，神の唯一の本質を構成

---

129 Ibid., SS.318–319. 同書 54–56 頁。
130 Ibid., S.364. 同書 132–133 頁。
131 Ibid., S.365. 同書 135–136 頁。
132 Ibid., SS.367–368. 同書 138–139 頁。

するのであり、諸々の神的本質のひとつを意味しない¹³³。バルトにとって「神とはいかなるものか」との問いは「神は誰であるか」という問いの反復としてだけ理解される。この問いを反復可能とする事柄とは、神自らを通して人間に与えられる答えである。その際には人間は神の唯一の本質以外の何ものも語らずに、神の種々の本質を語らなければならない。これはバルトが、神とは本質的にただ単一的ではなく、多くのもの、個別的なもの、相違したものでもあると規定する点に基づく¹³⁴。その規定に則するならば、神の種々の完全性の多数性、個別性、相違性は、神の中では単一性と矛盾せず¹³⁵、神自らの本質の中に基礎づけられている¹³⁶。なぜならば神の単一性概念の中には、神の本質的な三位一体性が存しているからである。この規定をめぐり、逆の視点から言及するならば、単一性概念をそのまま神性と見なす理解が不可能なことを示す。バルトに則するならば、単一性概念の誤解に基づく、一神教の神として抽象化された神理解は、神の単なる戯画でしかない¹³⁷。

　それでは、啓示に基づいた神からの問いへの応答責任を全うしながら、同時にどの程度まで、神ならではの相違性を包含する完全性について問うことができるのだろうか。この問いかけは神学的な伝統において「神の諸性質の導き出しと区分の問題」という表題が指す努力でもある¹³⁸。神は、人間による神の本質をめぐる言明が神自らの言葉とは異なるかぎり、その言明全ての中に隠れている。しかし同時に神は自らに依拠する人間の言葉の注解者としての役目を担うという制約の下、真理において揺れ動く信頼の中で神の名を呼ぶことを通じ、人間の言葉は啓示によって召し出され力

133　Ibid., S.372. 同書146–147頁。
134　Idem. 同書同頁。
135　Ibid., S.374. 同書149–150頁。
136　Ibid., S.375. 同書151–152頁。
137　Vgl. KD II/1, *Die Wirklichkeit Gottes*, SS.506–507. カール・バルト著、吉永正義訳「神論I/2　神の現実　下」『教会教義学』新教出版社、1979年、21頁。
138　KD II/1, S.377. カール・バルト著、吉永正義訳「神論I/1　神の認識」『教会教義学』1979年、155頁。

を備えられる[139]。神の名を呼ぶ努力は公平かつ完全に外部へと開かれた神の属性論と結びつく[140]。この属性論は，啓示の中で示される神の現われとともに神の隠れについて証言する役目を属性論そのものが担うところから始まる[141]。

ところでこの神の「隠れ」の原因は人間の罪性だけには帰せられない。神が語り行動することにより，神の全能と永遠性が実在となる。同時に，神が自らを愛する者として与える際，神はその聖なる自由の中で人間から身を引く。神は自存する者としてそのような特質を帯びており，神の秘義もまた神の啓示と同じく，神の自由に関するカテゴリーにおいて理解される。神の自己贈与は神の愛の神性として規定される[142]。神は人格的な三位一体の神であり，自存的である。そして，愛する神として自由である。これらの考察をまとめるならば，神の三位一体性と自存性，そして神の愛と自由が同じ道筋において理解されるべきだとするバルトの神学的態度を確認できる[143]。この姿勢に依拠するならば，秘義としての内在的三位一体論の解釈からイエス・キリストの受肉論へとつながる展望が拓ける[144]。

3. 内在的三位一体論から受肉論への展開

以上の考察に観るとおり，バルトは神の愛が内在的三位一体論に基づいてイエス・キリストの人格を通して語り得るとの結論に到達した。その上で神の愛に存する三つの命題が論じられる。

第一には神の愛に存する「神は恵み深く，聖なる方である」との命題が，神の恩寵（Gnade）と神聖性（Heiligkeit）の二つの概念の両面から展開され

139　Ibid., SS.377–388. 同書154–156頁。
140　Ibid., S.384. 同書165頁。
141　Idem. 同書165–166頁。
142　バルトの神学思惟において，秘義概念は人間の罪性によるとの理解はこのコンテキストにおいて克服されている。
143　Ibid., SS.392–394. 同書179–181頁。
144　本論文139頁参照。

第4章　『教会教義学』「神論」における神理解　　143

る。このとき神の恩寵は神自らの内的存在と行動として規定され[145]，その際にバルトは出エジプト記33章19節「わたしは恵もうとする者を恵み，憐れもうとする者を憐れむ」，申命記33章16節「地とそれに満ちるものの賜物，柴の中に住まわれる方の慈しみ」を引用しつつ，恩寵がイスラエルと契約を交わした主なる神に属する点を強調する。次には，イエス・キリストの内に人格的に宿り，認識可能となり伝達される恩寵が問われる。バルトが旧約聖書のコンテキストを重視しながら論じる恩寵とは，神の特定の属性には留まらず，そのものとして神的であり罪の赦しの秘義としての性格を有する[146]。この規定とは対照的に，神の愛の神聖性は神固有の神聖な行動および存在とされる。神の恩寵と神の神聖性という聖書的概念との関連性は，全ての被造物に対する神の至高性を示す。この至高性は，内在的三位一体論に示された交わりとしての神との出会いの結果，不可避的に生じる出会いへの抵抗に対する優越性をも意味する[147]。恩寵概念と神聖性概念との差異は，恩寵概念が他者に対する寵愛，愛顧，厚意を与える自由として規定される点に存する。他方，神聖性概念は恩寵概念とは対照的に，神が自らに忠実であり続け，自らを貫徹し確証する自由だけでなく，他者との交わりにおいて生じる，神の意志の自己主張をも意味する。この場合の神の神聖性とは，罪への裁きを含む。この際にバルトは，恩寵概念を神聖性概念に先行させる。

　第二にバルトは神の愛の恩寵と神聖性を定義した後で「神は憐れみ深く，義なる方である」という命題を解き明かす。その作業にあたり，神の憐れみの概念に，神の愛に必然的（notwendig）な困窮の転向（Not-Wende）との意味を付与するところから着手する。神の憐れみは困窮する被造物を救い出す意図であり，この意図は他者の不幸への神の参与を示す。この憐れみの概念の特質の中で，神の愛と恩寵の神性（Göttlichkeit）が認識され

145　Ibid., S.397. 同書188–189頁。
146　Ibid., SS.400–401. 同書193–195頁。
147　Ibid., S.404. 同書200–201頁。

る[148]。バルトはこの命題を解明する場合にも、旧約聖書のコンテキストを踏まえながら、神の性質を「神は感じ、感情をもち、心を動かされる」と論じる[149]。この叙述の背景には十戒における第二戒の「熱情の神」の規定が推測できる[150]。「熱情の神」の規定に則するならば、バルトが神の憐れみを「外から感情を動かされ、感情を激せられることのない神が、自らこの不幸に参与し、共苦する神の内面」として理解し[151]、罪深い人間と交わり続けると規定する道筋が観えてくる。この仮説は、バルトが神の憐れみを「単なる感情と言うよりも、むしろ力であり、行動」[152]でもあり、罪人の選びの恩寵として規定する場合にも妥当する。バルトはこの憐れみの概念と関連して「神の義」概念を解き明かす。恩寵概念と神聖性概念との関係と同様に、神の義の概念は憐れみの概念に優りはしない。神の義とは生来「人間に対する最も厳格な要求の総内容」であり、神の義への信仰とは人間が自らの義に代えて神の義を選ぶ決断を意味するとともに[153]、この憐れみの概念の枠内で神の義の概念が理解された結果、神の忍耐概念が生じ、すべての慰めの源泉としても規定されるからである。

　第三にバルトは神の愛をめぐって「神は忍耐強く、知恵に富む」との命題を提示する。この命題は箴言14章29節「忍耐によって英知は加わる」の釈義を思い起こさせる[154]。「神の忍耐」概念は神の本質に含まれるだけではない。それは神の存在と行動を成り立たせる意志であり、神の憐れみの概念の拡大と強化をも示す[155]。神の忍耐概念は、被造物の実在を承認しつつ

148　Ibid., S.415. 同書218–219頁。
149　Ibid., S.416. 同書220頁。
150　『出エジプト記』20章5節、「旧約聖書」『聖書　新共同訳』日本聖書協会、2003年、126頁。
151　Ibid., S.417. カール・バルト著、吉永正義訳「神論I/2　神の現実　上」『教会教義学』221頁。
152　Ibid., S.418. 同書223頁。
153　Ibid., SS.433–434. 同書249頁。
154　『箴言』14章29節、「旧約聖書」『聖書　新共同訳』1009頁。
155　KD II/1, S.462. カール・バルト著、吉永正義訳「神論I/2　神の現実　上」『教会教義学』298頁。

その弁護に尽力する仕方で，神が被造物としての他者の事柄を担う姿勢を表現する。神は被造物の側に立つ。そして自らに厳格な態度をとり「苦悶（leiden）」する[156]。この苦悶は神が自らの子であるイエス・キリストを犠牲とした出来事によって成り立つ。この犠牲が明らかにした神の忍耐は，神の和解の意志であり，創造主としての意志と行動の保持である[157]。したがって，神の恩寵とは「被造物たる自然の一大破滅や終焉」を決して意味しない。むしろ恩寵は，「自然の徹底的な変化と刷新」をはっきりと意味する[158]。バルトは神の忍耐の具体例として創世記に記されるカインとアベルの物語を引用する[159]。カインは弟アベルを殺害したが，神はカインに対して死を以て報いなかった[160]。神のアベルへの赦しにバルトは神の忍耐を看取する。

　以上概観した神の愛をめぐる三つの命題を解明する突破口としてバルトは神の知恵概念を論じる。この知恵概念は神の愛概念を神の自由な愛として規定する。実はこの知恵概念こそ，神の愛概念の神性を際立たせる役割を担っている。バルトは神の忍耐を，その全てにおいて秘義として定義する。ただし，神の愛と神の支配への認識全体にわたっては，啓示された秘義がそのものとして信仰命題に依拠する点を通じて，初めて認識の対象となることにバルトの主眼が置かれる。ところで神の知恵概念は，神の忍耐を理に則した事柄として人間が受領する態度へと導く秘義でもある[161]。これがバルトの神論全体にわたる秘義概念を考察する場合に重要な鍵となる概念である。

156　Ibid., S.462. 同書298頁。
157　Ibid., SS.462–463. 同書298–299頁。
158　Ibid., S.463. 同書299頁。
159　『創世記』4章，「旧約聖書」『聖書　新共同訳』5–6頁。
160　KD II/1, SS.463–464. カール・バルト著，吉永正義訳「神論 I/2　神の現実　上」『教会教義学』300–301頁。バルトが神の忍耐に基づくならば殺人者は死によって報いられるべきではないとの見解を，創世記の釈義をもって導き出している点は，司法の課題をめぐる問題提起の観点からしても今なお色あせてはいない。この点は聖書釈義の観点からも瞠目すべきであろうと筆者は考える。
161　Ibid., SS.476–477. 同書319–321頁。

この知恵概念を規定する際に重視されるのはヘブライ語のchokmah概念である[162]。バルトは知恵を意味する言辞としてchokmah概念の他に，ラテン語のsapientia，ギリシア語のσοφίαを並置する。sapientiaとは美的鑑識力，σοφίαは熟練さを意味する。他方chokmahの基本的語義がドイツ語ではfestmachen「堅固にする」，festhalten「堅持する」であると指摘される。この神論の展開におけるchokmah概念の重要性は，『教会教義学』「神論」冒頭で箴言1章7節，あるいは詩編111編10節の「主を畏れることは知恵の初め」が，英国・スコットランドのアバディーン大学への献呈辞として用いられている事実からも明らかである[163]。その理由はこの献呈辞で引用される詩編ではchokmahだからである。この道筋に立てば，神の知恵の秘義の解明において神の自己堅持を確認しなければならず，この土台を堅持して神の目的に有用な鑑識力とその目的に役立つ熟練さが解き明かされるべきである。

　ところで内在的三位一体論と結びつき，神論における秘義概念の考察で重要なのは受肉論である。筆者はこの考察の際にJ・デンカーの著作『言はメシア的な人となった』を参照しつつ[164]，神論でのヨハネによる福音書の釈義を論じる。デンカーは内在的三位一体論だけに基づく視点では考察が困難な受肉論について積極的に言及し[165]，バルトが神の自由の完全性を三つのカテゴリーに分けられる命題として分析する点に注目する。その三つのカテゴリーに分けられる命題とは，第一には神が「自らのうちに，そして自らの全ての行動の中で」，第二には神が「一人であり，不変であり，

162　Ibid., SS.480–487. 同書328–487頁。この箇所では，徹底してこのchokmahの釈義が行われる。
163　原典ではラテン語で"Initium sapientiae timor Domini!"と記される。
164　Jochen Denker, *Das Wort wurde messianischer Mensch: Die Theologie Karl Barths und die Theologie des Johannesprologs*, Neukirchener Verlag, 2002.
165　デンカーによる『教会教義学』第2巻第1分冊への考察は，直接には，筆者が考察の軸とした28–30節ではなく，31節を視野に入れる。筆者は，デンカーの考察が，「神論」第1分冊において，本論文の射程外の領域を重んじている点を承知しつつも，本論文での考察範囲にもデンカーの指摘が妥当すると考える。

永遠であり」，第三には神が「遍在し，全能であり，栄光を備えている」というものである。確かにデンカーの指摘にある通り，バルトにおける神の単一性概念は，神の自由のひとつの規定である遍在概念とともに理解される。この概念は，被造物に対する神の支配と，現臨した神の主権性を示す。この道筋において神の単一性概念は神の遍在性概念と関連付けられ，被造物との関わりの中での神の空間的特質の構想が可能となる。この構想に基づいて，神の愛概念に空間的性格が付与され，被造物と関連して神の単一性が外的かつ形式的に実証される[166]。この単一性概念と遍在性概念との関係に基づき，バルトは次の命題を提示する。それは，神が完全性の中でひとりであり，神自らおよび被造物に対して，自らの完全な愛の中で現臨する，との命題である。この現臨概念では，神が被造物の中で場所を有する特質が示される。とりわけヨハネによる福音書1章1–18節が[167]神の遍在についての諸命題を理解する上では重要である。なぜならば，ヨハネによる福音書冒頭に記された神の自由な行動としての神の現臨は，神と世との距離の中でともに存在するのであり，決して相関関係の結果においてではないからである。

　次にデンカーによれば，バルトは神の自由の完全性の命題を四つの段階を経て解明する。第一には神固有の場所と神固有の現臨，第二には天地創造における普遍的現臨，第三にはイスラエルにおける固有な仕方での現臨，第四にはメシアであるイエスにおける現臨である。

　デンカーは第一の段階で，イザヤ書6章1節を比喩的に理解し「神は天において自らの御座に居られる」というテキストをめぐり，天とは被造物の一部としての不可視的な領域であり，神の御座とは神固有の場所であると論じる[168]。この神固有の場所はコロサイの信徒への手紙3章1節において

166　KD II/1, SS.519–520. カール・バルト著，吉永正義訳「神論I/2　神の現実　下」『教会教義学』40–43頁。
167　『ヨハネによる福音書』1章1–18節，「新約聖書」『聖書　新共同訳』日本聖書協会，2003年，163頁。
168　『イザヤ書』6章1節，「旧約聖書」『聖書　新共同訳』1069頁。

「あなたがたは，キリストとともに復活されたのですから，上にあるものを求めなさい。そこでは，キリストが神の右の座に着いておられます」として表示され，三位一体論を用いて説明される。バルトに則しつつ，神の三位一体性が神のみに固有の場所として理解される点を鑑みるならば，デンカーのバルト解釈は充分妥当する。

第二の段階では，第一の段階で論じられた神の現臨の根本形態に基づいて，天地創造における神の現臨が天と地に区分され，神現臨の生起する場所はそれぞれ異なりかつ異なった仕方で論じられる。聖書テキストにおける異なった仕方での神現臨にかかわる種々の物語は，神喪失や神不在を決して意味しない。バルトの主張する神現臨とは，固有の距離における神関係をも意味する。したがって，世に対する神の現れ方の差異は，世における神のまことの現臨を制約しない。

第三段階において，天地創造における神の遍在は神固有の現臨を通して考察される。バルトがヨハネによる福音書1章14節「言葉は肉となって，わたしたちの間に宿られた」の釈義から導き出した[169]「神が地上の天幕に内住する」という理解は，イスラエルにおける神の固有な現臨の仕方をはっきり示している。

デンカーによる考察に基づくならば，神の自由の完全性の四段階のうち第三段階までを踏まえ，新約聖書において際立つ事柄が，イエスがメシアとして代替不可能な仕方で神現臨の場所だと規定される。神の住む場所としての神殿はイエスの肉体として顕在化する。この内住に則して，キリストにおける神性の充溢が初めて言及できることとなる。バルトが神論で神の自由と愛を不可分であるとして論じている点を鑑みるならば，デンカーの指摘は正鵠を射ている。デンカーは，ヨハネによる福音書の序文に則して，バルトの神学思惟の再構成を試みた。この論考を踏まえるならば，神

---

169 当該箇所は，新約聖書で用いられるコイネー・ギリシア語によって，ἐσκήνωσεν ἐν ἡμῖνと記される。この文言は，日本語で「（荒地で用いる）天幕を張って住んだ」と訳することも可能である。

論においてすでに後の創造論および和解論を展開する神学思惟上の具体的な基盤が準備されていたとの理解も可能である。簡潔に言えば，神の単一性に基づいた自由な愛と活動が，内在的三位一体論を通じて表現され，受肉論の道筋を経てイエス・キリストによる啓示と秘義がともに示されるのである。

　このようにデンカーが展開した神論理解を一層深めることはできないだろうか。この試みのため筆者は神の愛の内住に則する，神の永遠性概念と時間性概念をめぐるバルトの理解に注目する。なぜならバルトは，被造物としての時間を受肉論と結びつける一方で[170]，神の自由をめぐる規定と関連づけるだけに留まらず，神の永遠性が神の単一性や不変性と不可分であると論じるからである[171]。バルトは神の遍在性と永遠性を論じる場合，単なる空間概念と時間概念として扱うのではなく，神の愛の完全性をなす規定だとの認識を貫く。神の永遠性とは神の愛の主権性および尊厳性を示し，ただ一度，同時的に存する[172]。そして時間もまた神の被造物であり，永遠は創造主である神自らの規定であることにより，永遠は過去と現在，将来という一般的な時系列の道筋では理解されない[173]。神の永遠性概念の規定は，三位一体の神の永遠性としての理解に基づく場合にのみ正当に理解される[174]。同時に神の永遠性には，神の単一性に基礎づけられた秩序と運動が存する。この結果，神における永遠と時間の交わりが，イエス・キリストにおける神の言葉の受肉として理解される。神の言葉の受肉は時間論においては，永遠がその特質を喪失せずに時間となったことを意味する。これは，神がイエス・キリストの中で被造物たる人間に現存の形式としての時間を与えただけでなく，イエス・キリストの中で創造された時間

170　KD II/1, S.694. カール・バルト著，吉永正義訳「神論I/3　神の現実　下」『教会教義学』331–332頁。
171　Vgl. ibid., S.685. 同書316頁参照。
172　Ibid., S.686. 同書316–317頁。
173　Ibid., SS.693. 同書329–330頁。
174　Ibid., S.686. 同書316–317頁。

に，神自らが服従することを通じて，時間が神の永遠性の形式とされた出来事を示す[175]。

バルトはこの規定に加え，第一には神が前時間的であり，被造物の現存全てに先行すると定義する。これが前時間性としての神の永遠性である[176]。第二にはこの定義とともに，神が同時間的であると規定する。この同時間性概念とは，神の永遠性が被造物としての時間概念と共に時間的であり，被造物としての時間概念の中に入る特質を示す。このバルトの神学思惟の道筋で重要な事柄は，神の永遠性が，被造物としての時間性と二元論的にではなく，相互内在的に関係する点である。このゆえに，神の同時性は時間性と対立する無時間性を決して意味しない[177]。そして第三には，神の時間性をめぐる概念として神が後時間的であると規定する。後時間性概念とは，時間性概念が被造物として終末を迎えた後にも神の永遠性が存することを示す[178]。他方，被造物としての時間性が永遠性によって包括されるとの規定は，三位一体論から展開された受肉論に則して定立される[179]。この三つの時間区分において，神論の終末論的性格が鮮やかに描かれていると筆者は理解する。

本論文第4章第3節のまとめとして，神論における内在的三位一体論から受肉論への神学思惟の展開が神の栄光概念によって総括される点を筆者は指摘する。そしてこの指摘に基づいて，神論における三位一体論と被造物との関わりについて考察する。

栄光概念について，バルトは新約聖書ではギリシア語δόξαが，神，イエス・キリスト，被造物の栄光について，力強い仕方で，外に向けて証明し告知する，神自らの自己啓示の本質を示す存在命題だと論じる[180]。その

---

175 Ibid.,S.694. 同書331–332頁。
176 Ibid.,S.700. 同書342頁。
177 Ibid., SS.702–703. 同書345–347頁。
178 Ibid., SS.709–711. 同書357–361頁。
179 Ibid., SS.703–710. 同書347–357頁。
180 Ibid.,S.723. 同書381頁。

道筋で啓示を理解するならば，栄光概念との関連において，啓示は神の自己解釈であるとの理解が可能となる[181]。この点を踏まえ，バルトは新約聖書におけるδόξαが，旧約聖書で用いられるヘブライ語kabodに基礎づけられている点を指摘する。kabodの原義は，ある本質の重みと威厳を構成しつつ，この本質に威信と栄誉を与える事柄を示す[182]。その事柄とは，内的で本質的かつ客観的な力強さである。この力強さは，バルトに則するならば，源泉としての光，そして輝きとしての光として解釈できる。この栄光をめぐるギリシア語とヘブライ語の解釈を踏まえ，バルトは神の栄光概念が神の愛の特質を備えると論じる[183]。他方で被造物の栄光は，神の栄光の反映に留まり，あくまでも秘義として特質づけられる[184]。バルトはこの栄光概念との関連で神の自由な愛を強調すると共に，新たな特質を見出す。それは神の美（Schönheit）という特質である[185]。バルトは神の美を論じるにあたり，三つの例を用いる。

　第一にバルトは神の美をめぐる例として，神の本質そのものを示す。神の本質そのものは，バルトには神の属性を含む。神の本質とは，神の完全性と本来性と現実性を包括する。全被造物との全ての関係性の中で神は完全である。これは同時に，神の美をめぐる様相として神の単一性が軸となることをも示す。この単一性を前提として，神の美につながる多様性が語り得るところとなる[186]。

　第二の例とは，神の三位一体性である。神の完全な本質は，父，御子，聖霊の一つの本質である。神の自由と神の愛と全ての神の完全性は，この三位一体性の中で，その神的な特質を有する。父，御子，聖霊という三つの存在様式いずれにおいても，共通の本質として，一つの神的本質が存し

181　Ibid.,S.515. 同書34頁。この理解は，E・ユンゲルによって強調され，継承される。
182　Ibid.,S.724. 同書381頁。
183　Ibid.,S.725. 同書384頁。
184　Ibid.,S.731. 同書393頁。
185　Ibid.,S.741. 同書410頁。
186　Idem. 同書411頁。

ている。三位一体性を構成する存在様式は，三位一体性に属する別の存在様式を通して存在し，そして他の存在様式の中でも存在する。この相互内在性の中で神の単一性と多様性が一致し，三位一体的な存在と生が栄光概念と結びつき，被造物の喜びが照らし出される。同時に，三位一体性が神の本質を栄光概念において啓示し，実質には及ばずとも形式的に反射する限り，神の三位一体性は神の美の秘義としての特質も有する[187]。

そして第三の例とは受肉の出来事である。この受肉こそが神のわざの中心と目標，そして隠れた神のわざへの認識への試みを前提として理解される事柄である。受肉とは神自らの本質の中での被造物との対応（Entsprechung）であり，キリストが三位一体の中心を形成する。これはキリストにおける神の本質の啓示でもある。子たるキリストのわざにおいて，神の美もそのものとして啓示される[188]。イエス・キリストの受肉の出来事は，神自らの存在が被造物たる人間存在となると同時に，被造物として制約を受けながらも罪人たる人間を神的存在に導く出来事でもある。この出来事は，イエス・キリストの人格，神の子の十字架上での死，死者の中からの復活において実現される神と人間の完全な交わりを示すことにより，美と喜びとして表現される。そして被造物は神の栄光への讃美を通じ，神自らの単一性に基づいた自己讃美に応じて神に仕える[189]。

ところで，バルトの対応概念は神論ではどのように規定されるのか。神論では栄光概念によって創造主なる神と被造物との関係を論じる場合に対応概念が適用される。この理由としては被造物が栄光をあらわす際，神を「まねる（nachzuahmen）」ことが問題となる。被造物が神をまねる場合，被造物は神との対応の中で形態を得る。神の栄光の讃美は，神の現存在の中で，そのものと同型にされることを意味する[190]。これは，被造物が神を認識し，服従することでもある。この服従概念に伴う感謝と奉仕という態

---

187 Ibid., SS.743–746. 同書414–418頁。
188 Ibid., S.746. 同書418頁。
189 Ibid., S.756. 同書435頁。
190 Ibid., S.760. 同書442–443頁。

度の中で，被造物の現存在は神的本質の完全性の「たとえ (Gleichnis)」として機能する。つまり，神の栄光の讃美の中で，被造物は神を指し示す機能を付与される[191]。神の栄光概念に依拠する感謝と奉仕の態度は神認識の道筋ともなる。この道筋を理解する上で重要な類比概念について，筆者は第4章第4節2において立ち入って論じる。

■第4節　神認識の鍵としての秘義概念と服従概念
　——『教会教義学』の「神論」を軸として

1. 神認識における服従概念

　バルトは神認識について論じる際に，次の命題を提示する。「神は神を通してだけ認識される。神の啓示は単に，神認識に対する神の用意ではない。神の啓示とは，神認識に対する人間の用意でもある」[192]。バルトの主張する神認識とは，具体的には全てのキリスト教的教説，教会の教義学，そして説教までにいたる前提を形成する，神と人間の間に生じた出来事の具体的な記述にまで及ぶ。この前提としての神と人間の出来事は，常に繰り返し刷新されることを通じて，神認識の限界を神認識の出発点へと導く[193]。つまり，バルトによれば，たとえその限界を論じた場合でも，神認識とは教会とその信仰告白，各々の信仰，神の愛と神への讃美の基礎の限界以上の事柄を指し示すわざとして考えられる。この神学思惟を徹底し，神認識の限界と出発点を強調するならば「神は神を通して認識される」という命題が明示されなければならない。この認識が定立される場合には，教会が「神のこどもたち」として有するべき負担許容力 (Tragkraft) の根源が問われる[194]。

191　Ibid., S.761. 同書43頁。
192　Ibid., SS.201–202. カール・バルト著，吉永正義訳「神論I/1　神の認識」『教会教義学』327–328頁。
193　Ibid., S.201. 同書328–329頁。
194　Ibid., S.202. 同書329頁。

本章で筆者はバルトの秘義概念を考察する際に，内在的三位一体論の有する秘義性を主題として扱ってはきたが，バルトは単に超越的な立場から神的三位一体の秘義の中での出来事を論じてはいない。バルトは同時に神の啓示の出来事への人間の参与としての神認識を述べる[195]。バルトの神認識とは，その手法において他の人間的な認識と特別には異なりはしない[196]。むしろそれは人間の直観と概念を必要とする。神認識がこの認識行為を除去ないし否定するならば，神認識とは，単なる神的な三位一体の秘義の中に閉ざされた出来事となる。そしてその結果，人間は神を認識できないという結論にいたる[197]。

　それでは，バルトの提唱する神認識の道筋とは，どのような経緯を辿るのだろうか。確かに，人間は直観と概念を用いて認識行為を遂行するのであるが，神認識の際にはその働きには，そのものとして決定的な根拠が存しない。バルトの神学思惟では，人間は神との交わりを直接には有しない。そのため神は，人間には「神の隠れ」として存している。この状態のままで神認識を試みたとしても，それは神とは異なるひとつの実在の把握を目指すこととなり，神認識の道筋からは逸れてしまう[198]。それならば人間は，どのようにすれば正当な神認識に到達するのだろうか。

　バルトによれば，人間は信仰における神への絶対的な依存（schlechthinige Abhängigkeit）と，その依存に続く服従（Nachfolge）と感謝（Dankbarkeit）の中で，初めて神を認識する。その神認識とは，正当な神認識の出発点（terminus a quo）としての意味を帯びた，神の隠れの認識から始まる。神への絶対的な依存とは，まさしくシュライアマハーの提唱した概念である絶対依存の感情に酷似しており，バルトがこの概念を『教会教義学』において全く憚らず用いている点に，シュライアマハーとバルトとの接点が窺

195　Ibid., S.203. 同書331頁。
196　Idem. 同書同頁。
197　Ibid., SS.203-204. 同書331-332頁。
198　KD II/1, S.204. カール・バルト著，吉永正義訳「神論I/1　神の認識」『教会教義学』333-334頁。

える。むしろバルトは，神論においてシュライアマハーの再解釈を実施していると評されたとしても驚くには値しない。さて，本節で考察する秘義概念と神の隠れ概念の差異をめぐり筆者は次のように整理する。秘義概念とは啓示概念と表裏一体の関係をなす概念である。そして本来ならば人間には直接的な探求の対象にはなり得ない神の決断と，その決断に応じる人間の決断なしには決して語り得ない。対照的に，この秘義概念の特質とは異なり，神の隠れ概念とは，罪ある被造物としての人間の行為を視野に入れた上での考察が可能な，神認識と関係する概念である。

バルトの神認識の道筋における神の隠れ概念とは，具体的には信仰命題の内容であり，神認識を始める際に必要な神の性質のひとつである。このゆえに神の隠れ概念とは，単に時間と空間に関する概念，あるいは思惟のカテゴリーに関する内省やアポリアというよりは，神の存在と行為についての聖書的証言と教会的な信仰告白の肯定を示す[199]。バルトは，神の隠れ概念を論じる際にも，ヨハネによる福音書1章18節「いまだかつて，神を見た者はいない」の釈義として理解し，神認識の始まりを聖書テキストによって裏付ける[200]。そして神の隠れの告白は実のところ「神についてのわれわれの知の始まりとしての，神の啓示への告白」である[201]。この告白は人間が神自らを認識するために導かれて神の近くと同時に内部に立つしるしである。

筆者は以上の考察により，神の隠れ概念が神認識の行為の重要な出発点である点，そして信仰における神への絶対的依存と，その依存に続く，神への服従と感謝への道筋を経て神認識にいたる点を確認した。それでは，神認識にいたる目標（terminus ad quem）とは何か。バルトの神認識理解に則するならば，神認識とは繰り返し行われる行為であって，その終着点はまた新たな神認識の出発点を意味する。バルトは，この繰り返しの運動の

---

199 Ibid., S.206. 同書336–337頁。
200 『ヨハネによる福音書』1章18節，「新約聖書」『聖書 新共同訳』163頁。
201 KD II/1, S.215. カール・バルト著，吉永正義訳「神論I/1 神の認識」『教会教義学』351頁。

中で，神認識をめぐる神学思惟をどのように展開するのであろうか。

すでに本論文で考察したように[202]，バルトの神認識理解の際に重要となる概念として，神ノ真理ノ循環概念が存する。そしてこの循環は三位一体論と深く関わっている。それは，次の命題に集約される。「すべての神認識の始まりは，いまや，また，神認識の終着点および目標として理解されることを欲している。その神認識の終着点および目標は，また，神認識の客体としての聖霊を通しての，父なる神，および，子なる神である」[203]。バルトはこの命題を述べた後，神が啓示の中で，その隠れた存在と本質において自らを認識する出来事に，人間が後から従いながら参与した結果，神は単に自らの認識の客体であるだけでなく，人間的認識の主体となる点を指摘する[204]。この点はデンカーのバルトの神学思惟に関する指摘の通りである。神の存在様式が内在的三位一体論に留まるならば，それは人間には認識し得ない不可知論としての可能性と不可分な閉ざされた出来事となる。その結果，人間の神認識は不可能となる[205]。しかし神が人間的認識の主体として，信仰命題としての神認識の道筋を開示することにより，神認識は人間の行為として可能となる。この出来事は，神が自らの栄光から歩み出た姿でもある，神の自由な愛を示す受肉の秘義であると同時に，啓示としても理解される[206]。この神の恵みの現臨を通して，人間の神認識の真実さが示される[207]。

バルトはこの論述に際して，ヘブライ語の真理概念を示すemetを引用

---

202 本論文136頁。
203 KD II/1, S.230. カール・バルト著，吉永正義訳「神論I/1 神の認識」『教会教義学』376–377頁。
204 Idem. 同書377頁。なお，この「後から従いながら」という語は，すでに『知解を求める信仰』の中で，神認識をめぐって用いられる重要な概念である。『教会教義学』では，追考（Nachdenken）概念として発展する。FQI, S.52. カール・バルト著，吉永正義訳「知解を求める信仰」『カール・バルト著作集8』65頁。
205 KD II/1, SS.230–231. カール・バルト著，吉永正義訳「神論I/1 神の認識」『教会教義学』1979年，377頁。
206 Ibid., S.232. 同書380頁。
207 Idem. 同書同頁。

する。emetとはひとつの出来事あるいは事情の本来性を，その本来性に存する強固さや力強さ，恒常性，有効性，確実性とともに示す。ただしこの言辞で示される真理とは，人間の先験的な諸力によって基礎づけることが不可能である。emetが示す真理概念とは，イスラエルの中で具体的に語りかけ行動する主なる神に属する。別の表現を用いるならば「わたしの真理」ではなく，神への呼びかけとしての特質も含む「あなたの真理」として理解される。emetは，七十人訳聖書でのギリシア語訳πίστις「真実」を経てヨハネによる福音書1章17節ではἀλήθεια「真理」として，新約聖書の信仰の認識としてはっきりと記されており，他のヨハネ文書やパウロ書簡で用いられる際にもemetとἀλήθειαには本質的な相違は見出されない。この指摘に基づくならば，真理概念の用法の際には旧約聖書と新約聖書の間に完全な一致を見出せる。このように，バルトは旧約聖書と新約聖書においては神認識をめぐる真理概念が同一であると見なす。筆者はこの理解を単に特定の時代状況におけるバルトの神学者としての態度表明に留まらず，『神論』の出版された1940年の段階のドイツ語圏神学界において，聖書解釈の本来の道筋を示したと理解する[208]。

2. 類比概念について

さて筆者は，本論文第4章第3節3でも触れたように，バルトの神認識理解において欠かすことのできない類比概念について考察する。ただしバルトにおける類比概念の変遷は多岐にわたることから，本論文では神論における類比理解に考察の焦点を絞る。その後にバルトにおける神認識に付随する，人間の態度としての服従と感謝の具体的な内容について論じる。

バルトによれば，類比（analogia）とは単なる同一性および非同一性とは異なり，類似性，換言すれば，同一性と非同一性のどちらをも限界づけ

---

[208] Ibid., SS.233-234. 同書381-382頁。この筆者の理解は，その時代のドイツ語圏神学者の間では旧約聖書，すなわちヘブライ語聖書の研究が肯定的なコンテキストでは公には認められてはいなかったことに基づく。また同時にバルトの著作はドイツでは発禁処分とされていた。

る部分的な対応と一致を意味する。したがって神認識の場合，同一性も非同一性も主要な問題にならず，類似性と部分的な対応と一致のみが認識の重要な道筋として残る[209]。人間は，この概念を用いることにより用いる言葉そのものもまた被造物であることを承認し[210]，その結果人間は言葉の神格化から遠ざかる。その結果，直観，概念，言葉と，その対象としての神との間に，神の啓示に基づく類似性としての部分的な対応と一致が成立する。同時にこの類似性は「かのように」との認識の状態にも，人間を留め置かない。人間による神認識はこの類似性に基づいてその目標にいたる[211]。

　以上に述べたバルトの用いる類比とは，『教会教義学』の「神論」にいたるまでは信仰類比（analogia fidei）として知られているが，この着想はすでに『知解を求める信仰』において，神の名を信仰命題としてのCredoとして定立したところに端緒を見いだせる。アンセルムスの対論相手であるガウニロは信仰命題には立たず，神の未知な存在を「遠くの大海にある一つの未知な島」と比較する[212]。ローマ・カトリック主義神学の観点からすれば，見知らぬ島も神も「存在」するとの点では共通することから，存在類比を適用して神理解の手立てとすることは可能である。しかしながらこの類比においては，信仰命題であるなしを問わず，創造主たる神概念と被造物たる存在概念を，概念としては同一の次元に並置する。他方で信仰類比の場合には，その根拠が啓示としての神の出来事という信仰命題に基礎づけられているために，存在類比とは全く異なる動的な特質を有する。このように類比としての扱いに準じてはいても，存在類比概念と信仰類比概念とは双方の概念の生起にいたるまで，神学思惟の道筋を全く異にする。

209　Ibid., S.254. 同書1979，414頁。この箇所でバルトは，人間が，神認識の真実性が根拠とする，啓示の中での神の真実性に則してこの概念を用いるしかないと論じる。
210　Ibid., SS.254–255. 同書415–416頁。
211　Ibid., S.257. 同書419–420頁。
212　FQI, S.83. カール・バルト著，吉永正義訳「知解を求める信仰」『カール・バルト著作集8』101頁。

第4章 『教会教義学』「神論」における神理解　　159

　この類比概念の問題をめぐって，バルタザールは信仰類比には人間が信仰において神の似像を会得する可能性が存すると主張する[213]。この可能性は神の啓示の可能性へと開かれた態度に基礎づけられてはいても，人間の先験的能力を決定的根拠とはしない。神の似像を獲得する可能性は，啓示としての神の言葉そのものを起源に人間へと貸与される。人間は恩寵の無制約性という根拠のもとで，神の言葉に聴き従う者として神の言葉との類似性に包摂される[214]。バルタザールによれば，信仰類比とは神の啓示の決断に呼応する，人間の決断が信仰として生起する場合に，その決断において成立する。したがって神と人間の関係をめぐる単なる観察に留まる立場からは，信仰類比概念の理解は困難である。神とは信仰類比において，啓示という純粋行為（actus purus）の現臨の中で理解される。この神の行為を通じて，被造物はそのものとして自らを実現する。この理解を前提として，バルトによる次の定式は意味あるものとされる。それは「信仰と告白の中で，神の言葉は人間的な思想および人間的な言葉になる。その模範に相対する無限の非類似性と不適切さの中で，しかしその思想と言葉の模範に相対する全面的な疎遠さにおいてではなく，すべてにおいて罪深く転倒した姿において，人間はその模範のまことの似像となる」との定式である[215]。バルタザールはこの定式に則って信仰類比概念の有する第二の特質を説明する。その特質とは，この類似性が神から被造物にいたる不可逆な方向において生起し，神の言葉が被造物を一方的に把握することによって成立する点にある[216]。

　バルタザールは，このような特質を有する信仰類比概念を，存在類比概念に基づいて理解しようと試みる。そして存在類比を肯定する立場で信仰類比を理解する場合には信仰類比の誤用を除去できると見なす。その理由

213　KB, S.116.
214　Idem.
215　KD I/1, S.254. 吉永正義訳「序説／教義学の規準としての神の言葉」『教会教義学 I/1』新教出版社，482-483頁。
216　KB, SS.117-118.

として，存在類比による神認識もまたすでに被造的世界に向けて生起した神の啓示に基づく点を指摘する[217]。人間はこの啓示においてのみ，神固有の真理に対する献身の態度でもある信仰の行為によって啓示についての知識を得る。同時にこの行為によって神と人間の間に類比的関係が成立する。その結果，人間は神を正当に認識する。

　以上の考究を踏まえるならば，啓示を類比の成立の決定的根拠とする点では，バルトとバルタザールの立場は共通する。しかし次の点でバルタザールはバルトと異なる。すなわち，被造的能力を通して解明される神的活動性は，神的啓示の「存在」に含まれるとの理解である。バルタザールは，信仰類比概念の中にもまた存在類比概念が存するとの理解を通じて，キリストの啓示の出来事を存在類比の領域で理解することを試みる[218]。この試みは信仰類比の内部にある存在類比（analogia entis innerhalb analogia fidei）との命題に示されている[219]。しかしローマ・カトリック主義神学の存在類比概念がアリストテレスの影響のもと形成された精緻かつ静的な特質を有するトマス哲学を土台とする一方，バルトの信仰類比概念とはあくまでも信仰命題としての神の啓示の出来事を根拠とする点で全く異なっており，バルタザールの論理展開には無理がある。バルタザールの理解に比して，岡山孝太郎はバルトの用いる類比についてH・ティーリケやブルンナーと関連づけながら，人間は神とは単に異質であるだけではなく，人間自らの思惟の限界を明確にし，さらにこれを超越するものとしての神を語ることは本来不可能であると明言する。しかし岡山は神学に固有な不可能性こそが，神学の可能性であると述べる[220]。岡山のこの指摘はバルトの定立する類比概念の特質をも端的に表現している。

217　Ibid., S.176.
218　Ibid., S.177.
219　Ibid., S.179. この試みは，神の自存性に参与する信仰の決断を通して神より貸与されるという，神の言葉に聴き従う能力（potentia oboedientialis）に則して展開する。
220　岡山孝太郎著「神学倫理の方法論的基礎としてのアナロギア問題」『基督教研究』第41巻第1号』基督教研究会，同志社大学神学部，昭和52年8月31日，28–29頁。

さて，バルトが神論で展開する類比論では，神が主体となり人間の認識のわざを包み込む認識行為の中にその類比の力の源が存するのであり，神による認識のわざを包含しない人間には，その類比を機能させることは不可能である[221]。バルトの論じる類比とは，神の恵みの力によって生起し，人間は被造物性と罪責性という二重の覆いの中で[222]反射された神の真理を認識する[223]。バルトの類比理解の中で際立つのは，その理解を単なる無時間性の中で求めるのではなく，類比概念が有する「部分的な対応」に動的な性格を与えている点である[224]。神認識とはあくまで部分的である。この特質は，神の啓示の中で神の隠れと現われとが相互に入り込む状態を示す[225]。この隠れと現れとの間には，いかなる左右均整的な関係はおろか，その左右均整的な関係と対をなすところの，曖昧で見通しのきかない関係も成り立ってはいない。この注意の喚起は，類比概念を弁証法的に特徴づける試みに向けられる。またバルトにとって，神の現れと隠れとは，神が人間とともに神認識の道を進みゆくさまを言い表してもいる。その道においては，神と人間の交わりに有益な行為が常に問われる[226]。バルトの類比論の萌芽とも呼ぶべき「信仰の類比」は，神論における神認識のより具体的な目標でもあり，この神学思惟は，バルトが弁証法神学者としての歩みに節目を迎えた時点から始まる道筋でもある。

3. 神認識と神奉仕

本論文第4章第4節の課題である，神認識と服従の関係については，『教会教義学』以外にも，1937年春，そして1938年に，アバディーン大学で

---

221 KD II/1, S.260. カール・バルト著，吉永正義訳「神論I/1　神の認識」『教会教義学』1979年，425頁。
222 Ibid., S.264. 同書432頁。
223 Ibid., S.260. 同書425頁。
224 Ibid., S.261. 同書426頁。
225 Ibid., S.266. 同書434–435頁。
226 Idem. 同書435頁。

行われたバルトの講演『神認識と神奉仕』において論じられている[227]。この講演ではスコットランド信条の講解をテーマとする[228]。当該講演の第3講「威厳に満ちた，人格なる神」によれば神認識とは信仰の認識とともに存する。そしてそれはひとりごとや討論などと呼ばれる無拘束状態においてではなく，語るべきことを告げてくださる方に向けて責任を伴う発言が不可避である。これが礼典行為として現れると講じられる[229]。筆者が注目する当該講演の特質は第17講「神の行為としての教会的神奉仕」，第19講「政治的神奉仕」である。第19講は第18講「人間の行為としての教会的神奉仕」を前提としつつ，スコットランド信条第24条の講解を内容とする。ところで「神奉仕」のドイツ語原文は一般的には神礼拝（Gottesdienst）を意味する。それでは政治的神奉仕とは具体的にはどのような行為を示すのであろうか。

　その行為とは，「世にあって生き，世にあって神に従うことは，直接・間接的に，権力の行使に関わることを示す。権力の行使に関わることは，神に従ってある種の政治的君主に積極的抵抗を試みなければならない場合に，初めて生じることではない」とバルトが論じるように，その道筋においては熟慮を重ね，最終的には個々人の責任に基づく判断に委ねられている。しかし，政治的神奉仕を主張したり，要求されたりした場合には，どのような結論からもキリスト者は逃れることはできない。なぜならば，この世は人間を必要としており，キリスト者が人間であろうとしないならば，それは「悲しむべき事態」を意味するからである[230]。1938年の英国におい

227　Karl Barth, *Gotteserkenntnis und Gottesdienst, nach reformatorischer Lehre, 20 Vorlesungen über das Schottische Bekenntnis von 1560*, Evangelisher Verlag A.G., Zollikon-Zürich, 1938. 便宜上，脚注ではGGと略記する。カール・バルト著，宍戸達訳「神認識と神奉仕　スコットランド信条講解」『新教セミナーブック14』新教出版社，初版，1971年，復刊第1刷，2003年。
228　GG, S.5. 同書2頁。当該頁には，「カール・バルトにより，1937年春と1938年にわたり，アバディーン大学において講ぜられた，1560年のスコットランド信条についての20回講義（ギフォード講演）」と記されている。
229　Ibid., S.61. 同書48–49頁。
230　Ibid., SS.215–216. 同書188–189頁。

て，政治的神奉仕の示す具体的な行為についてバルトは直接言及しない。しかし，キリスト者が生来は神の似像である人間たろうとすることが神認識の行為と結びつけられて論じられている点は看過できない。

　それゆえ，バルトの提唱した政治的神奉仕の具体的なわざを考察する上で，筆者は，本論文第4章第4節4において，バルトの神奉仕の具体例として神論を構想・執筆し，そして「神認識と神奉仕」の講義の二年後に行われた説教をもとに，バルトの神理解，並びにその特質として神の試練と慰めを併せ持つ神認識の経緯を考察する。バルトの神学思惟の考察に際して，種々の講演や『教会教義学』に代表される著作に劣らず重要な資料は，バルトによる説教であると筆者は考える。その理由はバルトが『教会教義学』において三位一体論に則し啓示の出来事としての神の言葉，書かれた神の言葉としての聖書，宣教された神の言葉としての教会の関係を重視しており，その教会の宣教のわざである説教もまたバルト神学の理解には不可欠であると考えたからである。とりわけ説教とともに『教会教義学』を解釈する手法は，バルトの神学思惟をより動的かつ多面的に捉えられるとの着想に依拠する。

4. バルトによる神奉仕の一例としての説教

　バルトは『教会教義学』第II巻第1分冊が出版された年である1940年の4月20日にヨハネによる福音書16章5-7節のテキストに基づいて[231]，スイス・バーゼルのミュンスター教会の礼拝説教を行っている[232]。この聖書個

---

[231] 「新約聖書」『聖書　新共同訳』200頁。聖書箇所を引用する。「今わたしは，わたしをお遣わしになった方のもとに行こうとしているが，あなたがたはだれも『どこへ行くのか』と尋ねない。むしろ，わたしがこれらのことを話したので，あなたがたの心は悲しみで満たされている。しかし，実をいうと，わたしが去って行くのは，あなたがたのためになる。わたしが去って行かなければ，弁護者はあなたがたのところには来ないからである。わたしが行けば，弁護者をあなたがたのところに送る」。

[232] Karl Barth, *Predigten 1935-1952*, Herausgegeben von Hartmut Spieker und Hinrich Stoeversandt, Theologischer Verlag Zürich, Karl Barth Gesamtausgabe, Predigten, 1996, SS.194-202. 脚注では便宜上GAと略記する。邦訳として，蓮見和男訳「ヨハネ福

所はユダの裏切りの予告とイエスの逮捕物語の間に配置されている。バルトは「ヨハネによる福音書の大きな流れから見るとイエスの告別説教（Abschiedenreden）と名づけられているものの一部」としてこの箇所を理解する[233]。この年の教会暦を参照するとイースターは3月24日であり、この礼拝説教日は教会暦の上では復活節に属する。当時の欧州情勢を鑑みるならば、ナチス・ドイツ軍は独ソ不可侵条約の下で勢力を拡大し、精神障がい者、知的障がい者、身体障がい者、性的少数者、抵抗運動参加者、ロマ、そしてユダヤ人虐殺は次第に規模を増していた。当該説教はこの状況にあり、バルトがナチ政権によってボン大学を追われた後にスイスのバーゼル大学から招聘を受けて6年後に行われた。この時期のバルトは、例えば『フランスへの手紙』に見られるように[234]ナチ政権に対する「公開書簡」での抵抗を試みていた。この姿勢は当該説教に直接には表現されてはいないが、当該説教作成の際に用いられた聖書を通して暗示されているとも筆者には映る。その根拠とは、スイスのドイツ語圏で日常的に用いられているツヴィングリ訳聖書ではなく[235]、その時代のドイツ福音主義教会（Deutsche Evangelische Kirche）採用のルター訳聖書をバルトが用いている点である[236]。この聖書をボン大学の追放後6年を経てなおバルトが用いていた事

  音書16・5-7による説教」『カール・バルト著作集17』新教出版社、1970年、35–43頁を参照。ただし、説教で用いられた聖書の邦訳は新共同訳に拠った。なお、この説教は、説教後の祈禱を除くならば、12のパラグラフから構成されている。全パラグラフを網羅する考察は、本論文の趣旨から外れるので、本論文ではその特質を端的に表現している箇所を適宜引用しつつ論述する。

233 GA, S.194. 蓮見和男訳「ヨハネ福音書16・5-7による説教」『カール・バルト著作集17』35頁。

234 『カール・バルトの生涯　1886–1968』では、1939年12月執筆と記載。

235 *Die Heilige Schrift des Alten und des Neuen Testamentens*, Verlag der Zwingli-Bibel Zürich, 1966. ただし、筆者が入手したツヴィングリ訳聖書の説明として、Dieser Züricher Bibel, die auf die Reformation Zwinglis zurückgeht, wurde in den Jahren 1907 bis 1931 im Auftrag der Kirchensynode nach dem Grundtext aufs neue übersetzt. Ihre Herausgeber ist der Kirchenrat des Kantons Zürich とある。さらに筆者は、*Die Züricher Bibel von 1531*, Theologischer Verlag Zürich, 1983 とも比較したが、これも的外れに終わったことを付言する。

236 バルトが当該説教の釈義の対象とした聖書の文言は、寸分違わず以下の聖書に

第4章 『教会教義学』「神論」における神理解　　　　　　　　　　　　165

　実は，バルトが「公開書簡」だけではなく，説教壇においてもナチ政権に対して抵抗運動を続ける教会との連帯を意識していた可能性を示唆している。つまりバルトにはバーゼルでの礼拝説教においても彼なりの仕方で教会闘争を継続していたとも考えられ，同時に現代の教会の観点からすれば，この態度は宣教のわざが国民国家には束縛されず国家や教派の枠組みに制約されないというエキュメニカルな特質をも示唆しているとも言える。実のところバルトは1940年3月20日にはヒルシュによって「ドイツ民族の不倶戴天の敵」という非難さえ受けている[237]。この状況において当該説教は単なる時局上の信徒への励ましのみには留まらず，1937年から1938年にかけてアバディーン大学において行われたスコットランド信条講解講義における，政治的神奉仕に則した姿勢を保ちつつ，緻密な聖書釈義に根拠を置く教義学的思惟の結実として復活節に行われた「説教に暗示された抵抗」との性質を帯びている。

　当該説教の特徴は，イエスとの訣別の後に弟子たちに到来する弁護者（Tröster, παράκλητος）としての聖霊の働きを強調する点である。バルトが構想する道筋としては，第1パラグラフから第2パラグラフまでは，ヨハネによる福音書16章5節に記される「今わたしは，わたしをお遣わしになった方のもとに行こうとしている」を重視して，ヨハネによる福音書14章12節の「わたしは去って行く」，「わたしは父のもとに行く」という言葉が並行して強調されている。バルトはこの強調に立って「福音書記者と使徒の証言に従えば，イエスがその弟子たちに，死に至るまで語ってこられた全ては，一つの大きな告別説教と言わなければならないだろう」と語る[238]。バルトが示すテキストの第一の要とは「この方は，まったく私たち

　　　　一致する。*Die Bibel oder die ganze Heilige Schrift des alten und neuen Testaments nach der deutschen übersetzung D. Martin Luthers*, Nach dem 1912 vom Deutschen Evangelischen Kirchenauschußgenehmigten Text, Stuttgart.
237　E・ブッシュ著，小川圭治訳『カール・バルトの生涯　1886-1968』第2版，431頁。
238　GA, S.194. 蓮見和男訳「ヨハネ福音書16・5-7による説教」『カール・バルト著作集17』35頁。

から隠されている！」との「イエスがわたしたちのもとにはいない」，あるいは「イエスの隠れ (verborgen)」という事態である[239]。筆者はバルトがこの表現をすでに神論の考察を通じて理解した「隠れた神」とほぼ同じ意味で用いていると考える。それゆえにこの隠れとは，隠遁のような単なる行為としての隠れを意味しない。この隠れた神 (der verborgene Gott) とは，実は生ける神 (der lebendige Gott) であり，バルトの神学思惟に則するならば，神のこの応答を前にして，全ての人間の動揺に満ちた疑問はそのわざを停止するか砕かれるにいたる[240]。

次にバルトは第3パラグラフにおいてイエスの隠れから転じ，「私たちの生きているこの世」に触れる。「私たちの生きているこの世は，イエスの去り行かれた痕跡としるしをおびている。この世，私たちの世界は（略）悪い，曲がった世以外の何物でもありえない」[241]。しかしながら，バルトはこの曲がった世 (eine arge Welt) の責任を神の秩序には帰さない。また人間の罪の結果であるとも語らない。「神がそのように創造したからではない。私たちがそれほど罪深い人間であり，自分の罪でこの世を暗くし続けている第一の理由でもない」[242]。この理由として，バルトは，神の御子の十字架上の死と昇天を通じ，この世とは捨て去られなければならない場所である点に注意を喚起する。つまりバルトは，当該聖書テキストだけでなく「イエスの昇天 (Erhöhung)」までも視野に入れて説教を構成している。ただし注意すべきは，この昇天の記事がそのものとしては喜ばしさに満ちたイエスの神性の開示ではなく，イエスとこの世の直接的な意味における別れとして解釈されている点である。バルトに則するならば「イエスがこの世を去って父のみもとに行かれること」は「私たちの世界の上にのしかかっている一切の影の中の影」である[243]。

---

[239] Ibid., S.196. 同書37頁。
[240] Idem. 同書同頁。
[241] Ibid., S.194. 同書35頁。
[242] 〈　〉内の言葉は筆者による補足。
[243] GA, S.197. 蓮見和男訳「ヨハネ福音書16・5-7による説教」『カール・バルト著作集

さらにバルトは第4パラグラフで，ヨハネによる福音書16章6節「わたしがこれらのことを話したので」，つまりイエスがこの世を去られることを語り，実行されたために「あなたがたの心は悲しみで満たされている」と論じる。この「悪い，曲がった世」に由来する悲しみを踏まえながらバルトは次のように語る。「キリスト者こそ，この世を知っており，この憂いを持っており，それを解き放つことができず，自らを慰める術を知らない」[244]。この引用箇所は「地上の一切の力を持たない，無力なキリスト者」であるとの解釈も不可能ではない。なぜならキリスト者のこの特質は，『教会教義学』の「神論」において神認識に参与する者の特質としても示される事柄だからである。しかし同時にバルトは，当該説教に際してキリスト者の憂いが地上の苦痛や不法・恐怖・不安を直接に示すとは語らない。それは，この不安がいずれ限界と終局（Schranke und Ende）を迎えるからである。その代わりこのような苦痛・恐怖・不安を凌ぐ苦痛がキリスト者には存する。その苦痛とは，イエスが去り行かれたことによって生じた「この世の終わりになって，はじめてその終わりがくるといった真の苦痛である」[245]。キリスト者は，この苦痛のゆえにこの世の苦難に対してなお悲しみに満ちているとしても神に感謝する。バルトはイエスが去ったという真の苦痛との関係により，この世の苦痛の有限性についてキリスト者が感謝するわざを会得していると述べる[246]。この説教のコンテキストでの感謝とはバルトが神認識に伴う感謝概念を一層具体的に展開した表現としても理解できる。

 そして，第5–7パラグラフにおいては，「この世の苦痛を感謝するわざ」に関する言及により，「しかし，実を言うと，わたしが去って行くのは，あなたがたのためになる」というヨハネによる福音書16章7節が，説教全体のコンテキストにおいて一層強調される。この励ましは「わたしが

17』38頁。
244 Ibid., S.197. 同書39頁。
245 Ibid., S.197. 同書38頁。
246 Idem. 同書同頁。

去っていかなければ，弁護者はあなたがたのところに来ない」との事態を示すとともに，続く聖書テキストである16章7節後半「わたしが行けば，弁護者をあなたがたのところに送る」との一節を際立たせる。この展開は「イエスの告別説教」としてバルトの説教全体に及ぶ道筋の転換であり，当該説教第8パラグラフにおけるバルトの釈義に則するならば，この際立たせられたヨハネによる福音書のイエスの言葉は，夢想の世界 (die erträumte Welt) から現実の世界 (die wirkliche Welt)，空想のイエス (der erträumte Jesus) から，現実のイエス (die wirkliche Jesus) へと聴き手を連れ戻す[247]。バルトは「現実のイエス」との言辞を当該説教の中で六度用いる。この繰り返しを通しての現実のイエスとの訣別があるからこそ，弁護者としての聖霊の助けが到来するとの当該説教の実質的な内容たる終末論的希望を示す。以上のコンテキストに則するならば，バルトが『教会教義学』の構想の際にも用いた三位一体論的構造を，当該説教にも見出すことが可能である。この可能性は，バルトの第10パラグラフでの論述に依拠する。すなわち「聖霊とは，御子イエスにおいて，私たちにこの慰めを得させ，むだに終わらせることのない神ご自身にほかならない」[248]。

　以上の考察をまとめるならば，この説教では一見するとイエスの訣別，しかも弟子の裏切りとイエス自身の逮捕との間に配置された「イエスの告別説教」が，実のところ聖霊による救済を示すという同一の事柄の異なる位相を強調している点を確認できる。当該説教をヨハネによる福音書をめぐる，三位一体論的解釈に則したバルトの説教の一例として理解するならば，本論文の主題である，神の啓示と秘義に基づいた神認識を呼びかける説教と見なすことも可能である。バルトはその時代の政治的諸状況について当該説教で直接には言及しない。しかしながら，一般的にはイエスの栄光のしるしとして理解されるイエスの昇天の物語を，あえて「イエスとの告別の物語」として新たに解釈し直し，政治的諸状況に相応しい神認識を

---

247 Ibid., S.199. 同書40–41頁。
248 Ibid., S.200. 同書41頁。

会衆に促してもいる。この点で『教会教義学』の「神の言葉論」と「神論」で展開された内在的三位一体論が，聖書釈義の成果でもある説教を通じ，実際に礼拝に集う会衆一人ひとりを巻き込む力を備えるにいたったとも考えられる。同時にこの説教で重要な事柄は，かつてバルトが示唆したシュライアマハー神学の可能性[249]としての聖霊の神学をも暗示している蓋然性が高い点である。その理由としてはキリスト不在の世における弁護者の強調を指摘する。軍靴の音鳴り止まない当時の重苦しい欧州情勢において，たとえ復活節とは言えイエス・キリストの姿に示された希望の使信は，その内容が非歴史的であるならば，会衆の殆どには日常からは遊離し，空疎に響いたとしても無理はなかったと推測される。バルトはこのような会衆の生の座への観察を怠らない。キリストはもはや地上にはおらず，世に対する勝利者キリストの栄光を示す昇天の記事すらも告別の出来事として映っている。しかし同時にその別れは弁護者としての聖霊を世に送ることを示し，聖霊の力は福音書においては地上に遺された弟子を慰める。そしてその力は教会で説教を傾聴する会衆にも等しく注がれていると当該説教は語りかける。

　以上のバルトの説教に関する考察を通じ，実践神学こそ神学の冠と見なしたシュライアマハーの言説と[250]，『教会教義学』を著したバルトの神認識をめぐる神学思惟には，各々の時代的特質の差異がありながらも，互いに響きあう間柄に立つと理解する。

249　本論文第3章第3節を参照のこと。
250　本論文第3章第3節を参照のこと。

結び

結論と展望

■第1節　結論

　本論文第1章と第2章でバルトの神学思惟の神学史的背景を概観した後，第3章ではバルト神学におけるシュライアマハー受容を筆者の視点に基づいて吟味し，第4章では『教会教義学』での「神論」を中心に秘義概念をめぐるバルトの神学思惟の展開を考究した結果，筆者は以下の結論にいたった。

　第一にバルトは，講演『神の人間性』において明らかなように，自らの神学思惟の道筋の軌道修正とも言える発言とともに，1920年代以降は自称としては必ずしも積極的には承認しなかった，弁証法神学者のラベルと明確に訣別した。そして彼は，諸宗教をも含めた人間の営みを対象としながら，発展的に意味づける神学をキリスト論に集中させて，聖霊論を暗示する神学思惟によって認めていく姿勢に立った。これは，かねてから日本で受容されてきた，一部の神学研究のイメージとは異なるバルト神学の姿の顕在化を意味する。そのイメージとは，主にキルケゴール受容とともに形成されてきた。このため，バルトの19世紀のドイツ語圏神学に対する批判的な態度が，これまでのバルト受容史の中では強調された。また歴史的には，ドイツ告白教会の言わば「立役者」としてボン大学からバーゼル大学に事実上追放された後も果敢にナチズム，そしてナチズムに同調する神学思想と対決したという闘争的な一面が際立たれた。その果てには第二次世界大戦後，バルトは本人の意思とは無関係に，時代精神に抵抗する神学的巨人として評されるにいたった。

　しかしバルトと時代を同じくするキルケゴールの影響を受けた神学者の中には，今日では文献研究の精度の向上とともに資料としての価値については色あせてきたと見なされるにせよ，キルケゴール研究史では評価を受けるヒルシュも存することを忘れてはならない。第二次世界大戦にいたるヒルシュの神学上・学問上の態度については，繰り返し論じるまでもない。その点では筆者は決してヒルシュの抱えた問題を無視するわけにはいかな

い。しかしヒルシュだけでなく，弁証法神学者の中にはナチズムを否定しない態度を示した神学者も少なからず存した。これにはキルケゴールがルター派教会出身であったために結果としてはナチズムの教会への干渉を黙認した，K・ホルに代表される青年ルター派にも広く読まれた点が指摘されよう。第一次世界大戦後に始まる，いわゆるキルケゴール・ルネサンスは，それほどまでに衝撃的であり実に幅広い影響力を有していた。筆者が考えるには，日本におけるバルト受容の課題には神学的な理由だけでなく，日本におけるキリスト教会が恒常的に置かれている，キリスト教とは異なる宗教や文化との緊張関係あるいは伝統的慣習に対抗しようとする自意識に立つ態度もあった。この排他的な態度を正当化する根拠としてバルト神学が欲せられるならば，結果として権威主義的なバルト理解あるいは非・歴史的なバルト理解が生じる。ただしこの学びの態度は，逆にバルト自らの神学思惟の展開からは批判され，戒められることとなろう。なぜならば，本論文の主題をなすバルトの神学思惟は，試練と犠牲を神認識のわざに参与する者に絶えず求めているからである。その求めに応じる限りにおいて，バルト神学に潜む秘義概念の何たるかを反復しつつ確かめる視点こそ，意義あるものとなると筆者は考える。とは言え，被造物としての人間に関するバルトの神学思惟を辿る場合に関しては本論文での考察は不充分である。その場合，考察の射程はバルトの創造論へと拡大されなければならない。とりわけ東アジア，あるいは日本に暮らすキリスト者の信仰と行為をめぐる自己同一性の問題は看過できない課題である。バルトが19世紀のロマン主義に立つ神学思想を批判した根拠には，グラーフが神学概念史的研究を経て行った指摘に観るように，ロマン主義による終末論の軽視あるいは否定が存すると言われる。しかしそれが，直ちに文化そのものに対する全否定につながるとは，筆者には考えることが困難である。

　第二には神学思惟の展開をめぐるバルトとシュライアマハーとの関係である。バルト神学を研究する際に，シュライアマハーの神学思惟への批判的態度ばかりが強調された結果として「バルトはシュライアマハーを克服した」かのような誤解があるとするならば，その理解は誠実な研究姿勢か

らはかけ離れていると評されるだろう。このような姿勢とは対照的に, バルト自らは19世紀の神学者としてのシュライアマハーを『教会教義学』に留まらず, 講演やその他の著作において高く評価しており, その神学思惟との関わりを終生絶つことはなかった。それはバルトによるブルンナーのシュライアマハー批判への吟味, あるいはバルト自らがシュライアマハーに批判的にかかわる際の慎重な神学思惟の展開に示されているだけではないばかりか, 『教会教義学』の主要テキストの中に「冠」や「絶対依存」といったシュライアマハー神学のキーワードが広く散見される点からも指摘できる。神論における秘義概念の展開に際しても, バルトはシュライアマハーによる三位一体論の扱いには慎重かつ批判的に臨みながら, 否定的な評価を決して下してはいない。この点もまたバルト神学研究の際に忘れられてはならない視点である。バルトは彼ならではの賜物を有する神学者であるとともに, 堅実な学術的研鑽の積み重ねによって神学思惟を展開した点も忘れてはならない。

　第三には, バルトがシュライアマハー神学の研究の中で聖霊の神学を示唆している点である。この言及には, 啓示概念とともに秘義概念の適用を忘れるわけにはいかない。シュライアマハーの神学思惟の展開は, バルトには楕円のイメージとして理解され, 二つの焦点のうち一方には「三位一体論的思惟」, 他方には「敬虔な自己意識」が存すると映った。確かにバルトは, この理解を踏まえて双方の焦点の関係は絶えず流動的であるとの指摘に基づいて, シュライアマハー神学の人間中心的な神学の可能性を指摘した。しかしながら, 事実上はバルトがシュライアマハー神学の可能性としての聖霊の神学の展開を認めていた点を見落とすならば, その視点には偏りがある。筆者がすでに第4章で指摘したように, バルトは内在的三位一体論と受肉論の道筋において, 神の啓示と秘義に言及し, その秘義概念に包括される, 神の隠れへの気づきに依拠した神認識のわざについて具体的に論じる。神認識のわざそのものの原動力にも, シュライアマハー神学の解釈の可能性を踏まえて理解された聖霊の働きが及ぶ。このバルトの理解においても『教会教義学』における「啓示の主観的実在」とのテーマ設定

が適切である。それは『教会教義学』の「神論」の構想・出版から二年を経て行われた説教にも顕著に表れている。バルトは，『教会教義学』の中ではそれとして独立した聖霊論に立ち入ることなく執筆を断念した。しかし遺された説教への考察を通じ，バルトの聖霊論を多面的に探求できると筆者は考える。以上の点を踏まえるならば，バルトにおける神の秘義とは，啓示と区別されても分離されない関係にありつつ，神が人間に自らの愛の中で自己を認識させるために備えた道筋である。そしてこの考察は，バルトのシュライアマハー理解への研究に関しても新たな地平への開拓に繋がる。実に興味深いことに，ドイツ語圏神学は今日にいたるまでこの聖霊論の有する課題を克服してはいない。しかし逆に言えば，この課題は神学の新しい課題を常に提起し続ける豊饒さを湛えているとも理解できる。

　さて『知解を求める信仰』を代表作とする聖アンセルムスの神学思惟研究以降のバルト神学の進展について批判的な見解を筆者は提示し，その批判に応じる。筆者が関心を寄せる批判とは，松見俊が『三位一体論的神学の可能性──あるべき「社会」のモデルとしての三一神』の中で展開するバルト批評である[1]。松見はバルトの三位一体理解への問題提起を六つの視点から行っている。筆者は神論との関わりからこの問題提起のうち第五の問いと第六の問いを扱い，その問いかけとの対話に基づいて生じた見解をもって本論文の結論を補う。

　松見は，第五の問いとしてバルトが内在的三位一体論を強調し，神の主権と自由を確保しようとする際に，ペルソナ概念よりも存在様式概念を用いる点を指摘する。確かにバルトは宣教のわざの具体的な担い手としての教会において「三位一体論の意味での『ペルソナ』は『人格性（Persönlichkeit）』とは何の関係も無い」と論じる[2]。この主張には「古くからのペルソナ概念は，今日時代遅れとなってしまった」との判断が存する点，

---

[1] 松見俊著『三位一体論的神学の可能性──あるべき「社会」のモデルとしての三一神』新教出版社，2007年，86-88頁。
[2] KD I/1, S.370. カール・バルト著，吉永正義訳「神の言葉I/2　神の啓示〈上〉三位一体の神」『教会教義学』107頁。

また近・現代の「人格 (Person)」概念を三位一体論に持ち込むならば三神論に陥るという可能性を見逃さない，バルトの慎重さを看取できる。松見はバルトのこの主張を承認した後に「父なる神，御子イエス・キリスト，聖霊」の三性には存在様式概念を用い，この三性を成り立たせる一性を，神の人格性として扱う道筋に疑問を呈する[3]。その上で松見は神の一性を保証する上で極めて重要な，人格性概念そのものを神学的に批判しなくてよいのかと問う。松見はペルソナ概念が神学概念上のコンテキストによっては位格として，また異なったコンテキストでは人格として翻訳できる曖昧性に積極性を看取した上で，この曖昧性を際立たせる道はないかと指摘する。そして同時に，存在様式概念についてもバルト自身は様態論を退けようとはしながらも「どこか様態論の問題を引きずっている」と見なす。

　第六の問いとして松見が投げかけるのは，バルトが三位一体論の文字通りの根拠を，直接には聖書に依拠しない点から論考を開始する点である[4]。確かに新約聖書には三位一体論にいたる問題提起は存してはいても，教義としては記述されてはいない。このバルトの注意深さには松見も同意している。しかし松見は，バルトが聖書の証言する独自の啓示理解を「神は自らを主なる神として啓示される」という命題に要約した上で分析するとの道筋において，三位一体論を間接的に聖書の啓示証言に基礎づけようとするバルトの手法が果たして正当化できるのかと問題視する。

　筆者は，松見の問題提起を尊重しながらも，ペルソナ概念を扱う際に，バルトが慎重になる理由として，神学におけるこの概念がテルトゥリアヌスとサベリウス主義との対決に由来すると論じている点を指摘する[5]。ただ，その一方で「位格」として翻訳されるペルソナ概念の原語が，ギリシア語では「仮面」の意味も有する πρόσωπον として当初は理解される中，

---

[3] 松見はバルトの「存在様式」概念に，ドルナーだけでなく，カッパドキアの教父の影響を指摘する。同書72頁。

[4] 同書87–88頁。

[5] KD I/1, S.375. カール・バルト著，吉永正義訳『神の言葉I/2　神の啓示〈上〉三位一体の神』『教会教義学』115頁。

他方ではこの論争の生じる以前から、すでにギリシア教会ではペルソナ概念をめぐり「本性」を意味するὑπόστασιςと訳していた。この翻訳からは遠ざかり、西方教会ではὑπόστασιςが「自然・本性」を示すnaturaあるいは「本質」を意味するessentiaをも包含する「実体（substantia）」として翻訳が重ねられた。その結果、三位一体論の理解に甚だしい混乱が生じた。この混乱をバルトは見逃さない。三位一体論理解の混乱は、西方キリスト教世界と東方キリスト教世界の深刻な分裂の一因ともなった。そこでバルトはこの分裂の要因の除去と、近代においてはドルナーを例外として三神論を遠ざけるために、一旦は神の人格性の概念を取り去り、三位一体論をより簡素化する道を選んだとの推測も可能である[6]。もちろんバルトは、シュライアマハー神学の感化を深く受けてもいる。この実にアンビバレントな概念史的状況の中で、神の単一性概念によってバルトは三位一体論を再構成し、そして存在様式概念に依拠しつつ、三位一体論のより明瞭な定義を試み、教会のエキュメニカルな特質を際立たせようとしたとの解釈も可能である。そしてこの特質こそ、その時代の他の神学者の神学思惟からバルト神学を大きく際立たせる原因となり、ナチ政権やその影響を受けた神学者からは嫌悪される理由となった。なぜならば、エキュメニカルな特質、すなわち、世界教会的特質を有する神学は、教派間の垣根を超えていくと同時に、近代国民国家の制約から教会の宣教活動を解き放つからである。その結果、教会は国民国家を相対化しつつ、場合によれば国家権力が正当に行使されているのかどうかを、批判的に検証する視点を会得する。確かにこの視点は、国民国家の行政権がシュライアマハーの時代に比べるならば格段に強化された20世紀において、とりわけ教会制度が国家に属する機関としての理解が一般的であったルター派の影響の強い諸教会には驚愕とともに映ったことであろう。しかしながら、実のところ世界教会主義をもたらす着想は、旧・新約聖書全体にわたる堅実な釈義に基づくならば当然の帰結として生じたはずである。なぜならば、聖書において記される神と

6　Ibid., SS.375–378. 同書115–121頁。

は，被造物である人間が定めた境界を越えていく，宇宙万物の創造主として描かれているからである[7]。

さらに松見による第六の問題提起に関しては，バルトのアンセルムス研究の成果が，どの信条をもCredoという幅広いカテゴリーの中に集約して信仰命題としての特質を与えながらも実定的制約を加えずに，学術的な考察および批判的検討を可能とした点を指摘する。これはバルトがその時代の伝統的な神学史においては「異端」として扱われてきた神学思想への再吟味の必要を問う姿勢からも明らかである。この姿勢からはバルトのアンセルムス神学研究の成果が窺える。筆者はこの主張においてバルトの神学思惟を問題視する松見とは異なる道を選ぶ。バルトの提示した信仰命題においては，学としての立場からも公正な考察が可能であり，同時にCredoとして集約される諸信条固有の教義学的特質を損なわない。その意味ではむしろ松見の問題提起はバルト神学における三位一体論の特徴をはっきりと際立たせている。

■ 第2節　課題と展望

本論文において，筆者が課題として否めない点としては，まずは資料の扱い方をあげる。本論文を執筆するにあたり用いた資料は翻訳されたものも多く，その意味では原文の理解を進めるための参考資料には恵まれていた。この点に関しては，バルト神学研究の先達に深く敬意を表するとともに，厚く感謝する次第である。しかしその重厚な業績を本論文執筆にあたり充分活かすことができたとは言い難いと反省する。また新たな文献資料を紹介し，全面的な翻訳を試みる機会も少なかった。翻訳の際に用いた日本語に関しても，原文を直接翻訳した際に，テキスト全体の文脈を把握し

7　ところで，神学史的には，バルトの次世代を担ったはずであり，かつほぼ同じ時代に，アメリカ合衆国と欧州を行き来しながらエキュメニカルな神学思惟を深め，その先駆となった代表的な神学者としてD・ボンヘッファーの名を忘れるわけにはいかない。

た上で適正な日本語を用いているとは必ずしも言えない。このゆえに晦渋な日本語を多用する結果となった。

　さらに内容上の不充分さとしては，「神論」における神の秘義と人間による神認識のわざに関する論述に注意を払った結果，神の秘義概念が神の愛に依拠するとの本論文の主題本来の論述が当初の構想よりも疎かになった。また，バルトの神の秘義概念の厳密な考究はJ・モルトマンのそれとの比較なしには不完全である。ただし神の愛とは，人間による神認識のわざとは切り離せない間柄にあると理解したため，本書での論述の展開となった次第である。これもまた筆者の今後の研究課題の視野に定める。バルトの『教会教義学』が倫理学的要素を豊かに含む以上，本来は「創造論」における人間論の考察と，バルトの神認識の方法論の推移としての関係類比（analogia relationis）の考察が不可欠である。後期バルト神学における類比概念の推移については岡山孝太郎の論文に詳しい。岡山はバルトの類比概念を決して無条件に受け入れているわけではない。むしろ信仰類比に関してはその類比の特質としての一方的な神自身の働きかけ，そして，その働きかけによって与えられた信仰によってのみ基礎づけられているとの排他的性質を指摘し，バルトの神学思惟の課題と見なしている[8]。この問題の克服としての関係類比概念を，聖霊論によって位置づけ，現代神学の軸足としてのバルト神学の意義を確かめ，秘義概念の中で隠れた姿のもと被造物たる人間と関わり続ける神の概念にさらに関心を寄せ，人間を導く主なる神としての明快な規定に基づいた神理解とともに，弁護者として働く「インマヌエル」の表現に相応しい，「人間の背中を押す神」としての聖霊論理解を目指す。これが，筆者の掲げる今後の研究の目標である。

---

[8] 岡山孝太郎著「神学倫理の方法論的基礎としてのアナロギア問題」『基督教研究第41巻第1号』34頁。

あとがき
―― 謝辞とともに ――

　本書は2014年に同志社大学より学位（神学）を授与された博士論文を，論文の主査をご承諾賜った水谷誠神学部教授の勧めにより出版するため，文章を見直し修正を加えた著作です。晦渋な言い回しを訂正する中，変わらぬ語彙の貧困さと日本語の力不足を噛みしめながらようやく日の目を見るにいたりました。

　私事ではありますが，私は阪神淡路大震災の年，日本基督教団向日町教会に伝道師として赴任，岡山孝太郎牧師のもと訓練を受け，二年の後に堺市にある鳳教会に遣わされ，主任牧師として七年の歳月を過ごしました。博士後期課程での学びを赦されたのは鳳教会での働きが決まってからでした。修士論文ではキルケゴールの著作を扱ったことから，もともとバルトには関心を向けてはおりましたが，図書館と教会を行き来する中でより真剣に教会に向き合わなければならないとの思いとともに，彼のダイナミックな神学思惟に巻き込まれていきました。日本バルト協会，関西バルト・ボンヘッファー研究会に加わり，バルト研究の先達でもある諸先生方から薫陶を授かったのもこの時期からとなります。

　月日は流れ北摂の茨木市にある梅花女子大学で教鞭を取り，教育・研究の機会と役目を授かりました。キリスト教主義学校の抱える課題と働く喜びの中で具体的に始めたのがバルトのアンセルムス研究への考察となります。この考察を出発点として『教会教義学』「神論」への関心をかたちにしていきました。それは主査の水谷教授がシュライアマハー研究の第一人者であるとともに，教会での働きに道を備えてくださった岡山孝太郎牧師がH・ティーリケの薫陶のもとキリスト教倫理の基礎としてのアナロギア論を究められたところにも影響されております。

　梅花女子大学では研究と同時にさまざまな出会いも備えられました。東

あとがき

　日本大震災の年にお会いした詩人でもあるベオグラード大学・山崎佳代子教授の招きでセルビア共和国を訪ね、20世紀に五度の戦争を経た街並みを歩き、爪痕の生々しさとともに人々の暮しの拠点であるセルビア正教会の奥深さに触れました。前後の数年間にわたり出席したドイツ・ニーダーザクセン州エムデン、スイス・ロイエンベルクでの国際カール・バルト協会タークングでの討議、バーゼルのバルト資料館訪問も論文執筆の刺激となりました。

　具体的な出版への取り組みに臨んで、キリスト新聞社の友川恵多氏にお助けいただきました。日本キリスト教会西都教会・田部郁彦牧師の玉稿を巻頭言にお願いできましたのも友川氏のご示唆が源となっております。友川氏に深く感謝申しあげます。

　なお、伝道牧会と神学研究の両立は困難だとのお叱りも幾度か頂戴しましたが、それはむしろ励ましに聞こえました。本書執筆を展望に入れた留学の機会はありませんでしたが、その分激動の日本社会の痛みを体感しながら、バルトの神学思惟を辿る苦しみ、そして喜びを授かりました。もちろんライフステージの変化とともに、お世話になった幾人かの先生方、盟友、愛する家族親族を天に見送らなければならなかった悲しみは尽きません。それもまた主の御心に適った悲しみだと祈りつつ思い返しています。

　あとがきでの謝辞を締めくくるにあたり、祈り支えてくださった日本基督教団泉北ニュータウン教会・渡邉敏雄牧師および教会の兄弟姉妹、気むずかしくわがままな振る舞いを受け入れ、支えてくれた糟糠の伴侶・山尾あすか、沖縄の地で本来は長男がなすべき役割を担っている弟・聖哲に心からの感謝を献げます。終末の日までバルトの神学思惟を辿る旅路は続くことを覚えつつ。

　　2016年の待降節に　　　　　　　　　　　　　　　　稲山聖修

文献表

一次資料

Barth, Karl:
Abschied, Zwischen den Zeiten, XI , Christian Kaiser Verlag, München, 1933.

Barth, Karl:
Brunners Schleiermacherbuch, Zwischen den Zeiten: Eine Zweimonatschrift, Bd.2, 1924, Nachdrück mit freundlicher Genehmigung des Chr. Kaiser Verlags München, First reprinting, 1970, Johnson Reprint Corporation, Printed in West Germany, Druck, Anton Hain KG, Meisenheim am Glan.

Barth, Karl:
Die christliche Dogmatik im Entwurf, 1927,Gesamtausgabe/Karl Barth, Zürich: Theologischer Verlag. 2. Akademische Werke. Ersterband: Die Lehre vom Worte Gottes. Prolegomena, hrsg. von Gerhard Sauter, 1982.

Barth, Karl:
Die Kirchliche Dogmatik, Die Lehre von Gott, II,1, Die Erkenntnis Gottes, Erstausgabe der Originalausgabe: Zürich, 1940, der Originalausgabe: Theologischer Verlag Zürich, der Studienausgabe: 1986.

Barth, Karl:
Die Kirchliche Dogmatik, Die Lehre von Gott, II,1, Die Wirklichkeit Gottes, Erstausgabe der Originalausgabe: Zürich, 1940, der Originalausgabe: Theologischer Verlag Zürich, der Studienausgabe: 1987.

Barth, Karl:
Die Kirchliche Dogmatik, Die Lehre vom Wort Gottes, Prolegomena zur Kirchlichen Dogmatik, Ersterteil, Einleitung, Das Wort Gottes als Kriterium der Dogmatik, Studienausgabe 1, Theologischer Verlag Zürich, 1986.

Barth, Karl:
*Die Kirchliche Dogmatik, Die Lehre von Wort Gottes, Prolegomena zur Kirchlichen Dogmatik, Die Offenbarung Gottes,*1932, Studienausgabe Band 2, Erster Abschnitt, *Der dreieinige Gott,* Theologische Verlag, Zürich, 1987.

Barth, Karl:
Die Kirchliche Dogmatik, Die Lehre von Wort Gottes, Zweiter Teil, Viertes Kapitel, Theologischer Verlag AG, Zürich, 1938.

Barth, Karl:
Die Menschlichkeit Gottes; Vortrag, gehalten an der Tagung des Schweiz. Ref. Pfarrvereins in Aarau am 25. September 1956, Theologische-Studien Herausgegeben von Karl Barth, Heft48, Evangelischer Verlag AG, Zollikon, Zürich, 1956.

Barth, Karl:
Die protestantische Theologie im 19. Jahrhundert; Ihre Vorgeschichte und ihre Geschichte, Dritte Auflage, Evangelischer Verlag AG, Zürich, 1960.

Barth, Karl:
Ein Briefwechsel mit Adolf Harnack, Theologische Fragen und Antworten, Gessamelte Vorträge, Dritter Band, Evangelischer Verlag AG, Zollikon, 1957.

Barth, Karl:
Fides quaerens intellectum: Anselms Beweis der Existenz Gottes im Zusammenhang seines theologischen Programms, 1931, Gesammtausgabe, 2, Akademische Werke, Herausgegeben von Eberhard Jüngel und Ingolf U. Dalfelth, Theologischer Verlag, Zürich, 2. Aufl. 1986.

Barth, Karl:
Gotteserkenntnis und Gottesdienst, nach reformatorischer Lehre, 20 Vorlesungen über das Schottische Bekenntnis von 1560, Evangelisher Verlag A.G., Zollikon-Zürich, 1938.

Barth, Karl:
Predigten 1935–1952, Herausgegeben von Hartmut Spieker und Hinrich Stoeversandt, Theologischer Verlag Zürich, Karl Barth Gesammtausgabe, Predigten, 1996.

一次資料の翻訳

カール・バルト著，安酸敏眞・佐藤貴史・濱崎雅孝訳「十九世紀のプロテスタント神学　下　第二部　歴史」『カール・バルト著作集13』新教出版社，2007年。

カール・バルト著，井上良雄訳「ブルンナーのシュライエルマッハー論」『カール・バルト著作集4』新教出版社，1999年。

カール・バルト著，宍戸達訳「神認識と神奉仕　スコットランド信条講解」『新教セミナーブック14』新教出版社，初版，1971，復刊第1刷，2003年。

カール・バルト著，寺園喜基訳「神の人間性」『カール・バルト著作集3』新教出版社，1997年。

カール・バルト著，水垣渉訳「アドルフ・フォン・ハルナックとの往復書簡」『カール・バルト著作集1』新教出版社，1968年。

カール・バルト著,吉永正義訳「神の言葉 I/1」『教会教義学』新教出版社,1995年。

カール・バルト著,吉永正義訳「神の言葉 I/2　神の啓示〈上〉三位一体の神」『教会教義学』新教出版社，1995年。

カール・バルト著，吉永正義訳「神の言葉 II/4　教会の宣教」『教会教義学』新教出版社，1977年。

カール・バルト著，吉永正義訳「教会と文化」『カール・バルト著作集5』新教出版社，1986年。

カール・バルト著，吉永正義訳「訣別」『カール・バルト著作集5』新教出版社，1986年。

カール・バルト著，吉永正義訳「神論 I/1　神の認識」『教会教義学』1979年。

カール・バルト著，吉永正義訳「神論 I/2　神の現実　上」『教会教義学』新教出版社，1979年。

カール・バルト著，吉永正義訳「知解を求める信仰」『カール・バルト著作集8』新教出版社，1983年。

カール・バルト著，蓮見和男訳「ヨハネ福音書16・5-7による説教」『カール・バルト著作集17』新教出版社，1970年。

二次資料

〈洋書〉

Balthasar, Hans Urs von:
Kalr Barth: Darstellung und Deutung seiner Theologie, Johannes Verlag, Einsiedeln, 1951, 2 Auf., 1961, 4 Auf.,1976.

Denker, Jochen:
Das Wort wurde messianischer Mensch: Die Theologie Karl Barths und die Theologie des Johannesprologs, Neukirchener Verlag, 2002.

Dorner, Isaak Ausgst:
System der christlichen Glaubenslehre, Erster Band, W. Herz, Berlin, 1879.

Ford, David:
Barth and God's Story, Biblical Narrative and the Theological Method of Karl Barth in the Church Dogmatics, Verlag Peter Lang GmbH, Frankfurt am Main, 1985.

Graf, Friedrich Wilhelm:
Kulturprotestantismus—Zur Begriffgeschichte einer theologischen Chiffre:
Kulturprotestantismus: Beiträge zu einer Gestalt des modernen Christentums, Herausgegeben von Hans Martin Mülller, Gütersloher Verlaghaus Gerd Mohn, Gütersloh, 1992.

Groll, Wilfred:
Ernst Troeltsch und Karl Barth: Kontinuität im Widerspruch, München, Chr. Kaiser Verlag, 1976.

Hausware, Rodney A:
Hans Urs von Balthasar and Protestantism: The Ecumenical Implications of his Theological Style, T&T Clark International, London, New York, 2005.

LaCugna, Catherine Mowry:
God for Us: The Trinity and Christian Life, Catholic Press Association First Place Award for Theology, Harper San Francisco, First Harper Collins Publishers, 1991.

Molnar, Paul. D:
Devine Freedom and the Doctorine of the Immanent Trinity: In Dialogue with Karl Barth and Contemporary Theology, T&T Clark, London, New York, 2002.

Pannenberg, Wolfhart:
Problemgeschichte der neueren evangelischen Theologie in Deutschland: Von Schleiermacher bis zu Barth und Tillich, Vandenhoeck & Ruprecht in Göttingen, 1997.

Schleiermacher, Friedrich:
Chrismas Eve: Dialogue on the Incarnation, Translated by Terrence N. Tice, The Edwin Mellen Press, Ltd. Lamperter, Dyfed, Wales, United Kindom, 1990.

Schleiermacher, Friedrich:
Kurze Darstellung des Theologischen Studiums zum Beruf Einleitender Vorlesungen, Kritische Ausgabe herausgegeben von Heinrich Scholz, Georg Olms Verlagsbuchhandlung, Hildesheim, 1961.

Schleiermacher, Friedrich:
Über die Religion: Reden an die Gebildeten unter ihren Verächtern 1799/1806/1821, Studienausgabe, Hg. Von Niklaus Peter, Frank Bestebreurte und Anna Büchsching, Theologischer Verlag Zürich, 2012.

Schleiermacher, Friedrich Daniel Ernst:
Der christlicher Glaube, nach den Grundsätzen der evangelischen Kirche im Zusammenhange dargestellt, Zweite Auflage (1830/31), Teilband 1, Herausgegeben von Rolf Schäfer, Walter de Gruzter, Berlin, NewYork, 2003.

Schleiermacher, Friedrich Daniel Ernst:
Der christlicher Glaube, nach den Grundsätzen der evangelischen Kirche im Zusammenhange dargestellt, Zweite Auflage (1830/31), Teilband 2, Herausgegeben von Rolf Schäfer, Walter de Gruyter, Berlin, NewYork, 2003.

St. Anselmi, Cantuariensis Archiepiscopi:
Opera Omnia, Tomus Primus. Volumen I; hrg. von Franciscus Salesius Schmitt, Friedrich Frommann Verlag, Günther Holzboog, Stuttgart-Bad Canstatt, 1968. *De Casu Diaboli.*

St. Anselmi, Cantuariensis Archiepiscopi:
Opera Omnia, Tomus Primus. Volumen I; hrg. von Franciscus Salesius Schmitt, Friedrich Frommann Verlag, Günther Holzboog, Stuttgart-Bad Canstatt, 1968. *De Liberate Arbitrii.*

St. Anselmi, Cantuariensis Archiepiscopi:
Opera Omnia, Tomus Primus. Volumen I; hrg. von Franciscus Salesius Schmitt, Friedrich Frommann Verlag, Günther Holzboog, Stuttgart-Bad Canstatt, 1968. *De Veritrate.*

St. Anselmi, Cantuariensis Archiepiscopi:
Opera Omnia, Tomus Primus. Volumen II; hrg. von Franciscus Salesius Schmitt, Friedrich Frommann Verlag, Günther Holzboog, Stuttgart-Bad Canstatt, 1968. *Cur Deus Homo.*

St. Anselmi, Cantuariensis Archiepiscopi:
Opera Omnia, Tomus Primus. Volumen II; hrg. von Franciscus Salesius Schmitt, Friedrich Frommann Verlag, Günther Holzboog, Stuttgart-Bad Canstatt, 1968. *De Concordia. I*

St. Anselmi, Cantuariensis Archiepiscopi:
Opera Omnia, Tomus Primus. Volumen II; hrg. von Franciscus Salesius Schmitt, Friedrich Frommann Verlag, Günther Holzboog, Stuttgart-Bad Canstatt, 1968. *De Concordia. III.*

St. Anselmi, Cantuariensis Archiepiscopi:
Opera Omnia, Tomus Primus. Volumen II; hrg. von Franciscus Salesius Schmitt, Friedrich Frommann Verlag, Günther Holzboog, Stuttgart-Bad Canstatt, 1968. *Epistla de Incarnatione Verbi.*

Tödt, Heinz Eduard:
Komplizen, Opfer und Gegner des Hitlerregimes, Chr. Kaiser/Gütersloher Verlagshaus, Gütersloh, 1997.

Die Bibel oder die ganze Heilige Schrift des alten und neuen Testaments nach der deutschen übersetzung D. Martin Luthers, Nach dem 1912 vom Deutschen Evangelischen Kirchen ausschußgenehmigten Text, Stuttgart.

Die Heilige Schrift des Alten und des Neuen Testaments, Verlag der Zwingli Bibel Zürich, 1966.

Die Züricher Bibel von 1531, Theologischer Verlag Zürich, 1983.

〈和書〉

芦名定道著「カイロス論と歴史解釈」『P. ティリッヒの宗教思想研究』京都大学博士学位論文，1994年。

アンセルムス（カンタベリーの）著，古田暁訳『改訂増補版　アンセルムス全集』聖文社，1987年。

石井裕二著『現代キリスト教の成立──近代ドイツ・プロテスタンティズムとその克服』日本基督教団出版局，1975年。

大崎節郎著『カール・バルトのローマ書研究』新教出版社，1987年。

岡山孝太郎著「神学倫理の方法論的基礎としてのアナロギア問題」『基督教研究第41巻第1号』基督教研究会，同志社大学神学部，昭和52年8月31日。

小川圭治著『主体と超越』創文社，1975年。

基督教研究會編『基督教研究』第五卷第壹號，京都同志社大學神學科内，昭和2

年11月。

F・W・グラーフ著, 深井智朗・安酸敏眞訳『トレルチと文化プロテスタンティズム』聖学院大学出版会, 2001年。

W・グロール著, 西谷幸介訳『トレルチとバルト　対立における連続』教文館, 1991年。

F・シュライエルマッハー著, 高橋英夫訳『宗教論——宗教を軽んずる教養人への講話』筑摩書房, 1991年。

F・シュライアマハー著, 加藤常昭, 深井智朗訳『神学通論（1811年/1830年）』教文館, 2009年。

F・シュライエルマッハー著, 松井睦訳『シュライエルマッハーのクリスマス』ヨベル新書5, ヨベル, 2010年。

F・シュライアマハー著, 深井智朗訳『宗教について——宗教を侮蔑する教養人のための講話』春秋社, 2013年。

H・E・テート著, 宮田光雄・佐藤司郎・山崎和明訳『ヒトラー政権の共犯者, 犠牲者, 反対者——《第三帝国》におけるプロテスタント神学と教会の《内面史》のために』創文社, 2004年。

バルト受容史研究会編『日本におけるカール・バルト——敗戦までの諸断面』新教出版社, 2009年。

H・-J・ビルクナー著, 水谷誠訳『プロテスタンティズム——潮流と展望』日本基督教団出版局, 1991年。

E・ブッシュ著, 小川圭治訳『カール・バルトの生涯　1886-1968』新教出版社, 第2版, 1995年。

H・G・ペールマン著, 蓮見和男訳『現代教義学総説　新版』新教出版社, 2008年。

松見俊著『三位一体論的神学の可能性——あるべき「社会」のモデルとしての三一神』新教出版社, 2007年。

『聖書　新共同訳』日本聖書協会, 2003年。

索 引

Credo　114, 115, 116, 121, 123, 127, 128, 131, 158, 178
necessitas　116, 118
ratio　77, 116, 117, 118, 121, 125

ア行

アウグスティヌス　133
芦名定道　71
　『P. ティリッヒの宗教思想研究』　71
アタナシウス信条　114
アバディーン大学　146, 161, 162, 165
アーラウ　98
『新たなる教会』 Neue Kirchliche Zeitschrift　52
アルトハウス Althaus, P.　61, 62
アンセルムス，カンタベリーの Anselmus Cantuariensis　40, 112, 113, 114, 115, 116, 117, 118, 119, 120, 121, 122, 123, 124, 125, 126, 127, 128, 131, 132, 134, 158, 175, 178, 180　→神学思惟
　『真理ニツイテ』　119
　『何故神ハ人トナリ給ウタカ』　112, 115, 125
　『プロスロギオン』　112, 113, 121, 123, 125, 126
　『モノロギオン』　119
イザヤ書　147
井上良雄　77, 81, 88, 96
インマヌエル　13, 102, 179
ヴィルヘルム帝政期　12, 15, 21, 58
魚木忠一　10
ヴォッベルミン Wobbermin, E.　133

エアランゲン大学　59
エキュメニズム，エキュメニカル，世界教会（主義）　17, 65, 131, 165, 177, 178　→神学思惟
円環　22, 23, 30, 40, 136
オーヴァーベック Overbeck, F.　68, 100
　『キリスト教と文化自由主義』　68
大崎節郎　35, 37, 39
大塚節治　10
岡山孝太郎　160, 179, 180
小川圭治　11, 14, 35, 36, 39, 74, 75, 76, 81, 88, 96, 98, 112, 165, 197
　『主体と超越』　36, 39, 74
オリゲネス主義　31
恩寵　31, 33, 39, 90, 120, 142, 143, 144, 145, 159

カ行

ガウニロ Gaunilo　121, 123, 124, 127, 134, 158
カタツムリの殻状の形姿　30, 110
加藤常昭　108
神
　――認識　13, 17, 36, 39, 113, 114, 117, 122, 126, 127, 136, 153, 154, 155, 156, 157, 158, 160, 161, 162, 163, 167, 168, 169, 173, 174, 179
　――の言葉の三形態　30
　――の自存性　35, 37, 39, 103, 116, 117, 142, 160
　――の存在証明　112, 113, 119, 123, 124, 125, 127, 128

——の存在様式　　25, 26, 39, 116, 117, 118, 156
　　——の名　　60, 121, 122, 123, 124, 125, 127, 128, 141, 142, 158
　　——の人間性　　98, 99, 101, 102, 103, 104, 106, 107, 108, 110, 116
　　——の深み　　26
　　——の三つの存在様式　　26
　　——奉仕　　162, 163, 165
カルヴァン Calvin, J.　　80
感情　　78, 82, 83, 91, 92, 94, 133, 144
　絶対依存の——　　74, 82, 83, 84, 91, 94, 154, 174
カント Kant, I.　　51, 80, 105
観念論　　54
冠　　89, 108, 169, 174
救済　　23, 31, 32, 34, 35, 89, 94, 107, 135, 138, 168
救済者　　32, 91
教会自由主義　　44, 45, 48, 51, 56, 59
教会的プロテスタント主義　　46
教会闘争　　61, 165
教会の宣教　　22, 30, 163, 177
『教会報・シュレスヴィヒ=ホルシュタイン』Schleswig-Holsteinisches Kirchenblatt　　61
教義的プロテスタント主義　　46
教養宗教　　55, 58
『基督教研究』　　10
『キリスト教世界』 Die Christliche Welt　　20, 48, 50, 51, 54
キリスト者共同体　　42, 89
キルケゴール Kierkegaard, S.　　36, 71, 80, 100, 172, 173, 180
　——的　　35, 36
　——・ルネサンス　　173
キール大学　　24
近代プロテスタント主義　　42, 43, 44, 52, 58, 69, 70, 107
クッター Kutter, H.　　35, 100

グノーシス　　107
グラーフ Graf, F. W.　　14, 15, 42, 43, 44, 45, 46, 47, 48, 49, 50, 53, 54, 55, 56, 57, 58, 59, 60, 61, 62, 63, 64, 65, 66, 67, 68, 69, 70, 71, 72, 76, 109, 173
『文化プロテスタント主義』　　42
グリュッツマハー Grützmacher, R. H.　　52, 55, 64
グロール Groll, W.　　15
『トレルチとバルト　対立における連続』　　15
敬虔　　25, 34, 35, 48, 51, 53, 54, 55, 56, 57, 58, 60, 74, 82, 83, 84, 85, 89, 91, 92, 99, 100, 109, 174
　——な感情の神学　　83
　——な自己意識　　74, 83, 84, 89, 91, 174
敬虔主義　　25, 34, 57
啓示　　14, 16, 20, 24, 27, 28, 29, 30, 32, 33, 35, 36, 37, 74, 88, 91, 92, 94, 97, 102, 106, 107, 113, 115, 118, 122, 125, 128, 129, 130, 131, 132, 133, 134, 135, 136, 137, 138, 140, 141, 142, 145, 149, 150, 151, 152, 153, 154, 155, 156, 158, 159, 160, 161, 163, 168, 174, 175, 176
啓示者　　91, 102, 134, 135
啓蒙主義　　54, 55, 58
ゲッティンゲン大学　　24
ゲーテ Goethe, J. W. v.　　60
ケーニヒスベルク大学　　24
ケリュグマ　　106
高教会派　　42
肯定的プロテスタント主義　　46
ゴーガルテン Gogarten, F.　　11, 61, 63, 64, 78
『審判か，懐疑か——カール・バルトに対する論駁書』　　63
古‐近代主義プロテスタント主義　　46
告白教会　　61, 172
国民国家　　17, 65, 165, 177
古自由主義　　45, 51

古-新プロスタント主義　46
国家社会主義　61
古プロテスタント主義　52, 54, 55, 56, 57, 64
コリントの信徒への手紙 I　26
コロサイの信徒への手紙　147

サ行

ザッパー Sapper, K.　53, 54
『新プロテスタント主義』　53
佐藤司郎　14, 15, 70
佐藤真一　43
佐藤貴史　24, 82, 90, 91, 94
三月革命　53
三位一体性，本質的な　25, 26, 141
三位一体ノ痕跡　131, 132, 133, 134, 135
三位一体論　16, 17, 25, 27, 28, 29, 30, 40, 63, 85, 86, 87, 88, 90, 97, 108, 109, 127, 128, 129, 130, 131, 132, 134, 135, 136, 137, 139, 140, 142, 143, 146, 148, 149, 150, 154, 156, 163, 168, 169, 174, 175, 176, 177, 178
　　内在的――　17, 25, 136, 137, 139, 140, 142, 143, 146, 149, 150, 154, 156, 169, 174, 175
　　――の根　27, 28, 29, 129, 130, 131, 134, 135
宍戸達　162
実定的宗教　94
実定的神学　52, 69
実定的ルター派　52, 54
詩編　146
思弁神学　24, 27, 28
宗教改革，宗教改革者　10, 31, 54, 56, 58, 74, 80, 81, 85, 86, 87　→神学思惟
　　――の神学　84, 86, 87, 88
宗教混淆　55, 58
宗教社会主義　34, 35, 42, 100
宗教哲学　24
自由キリスト教　44

自由主義神学　13, 14, 45, 46, 48, 49, 50, 51, 53, 56, 58, 64, 65, 66, 67, 71, 75, 76, 80　→神学思惟
自由主義的プロテスタント主義　43, 44, 45, 59, 67, 68
自由プロテスタント主義　44, 47, 59
終末論　31, 49, 51, 63, 65, 66, 77, 78, 80, 81, 150, 168, 173
　　――的特質　30, 63
出エジプト記　143, 144
シュトラウス Strauß, D. F.　24, 68
受肉論　16, 137, 139, 142, 146, 149, 150, 174
シューブリンク Schubring, W.　47, 64
『文化プロテスタント主義の真の本質と宗教的価値について』　47
シュライアマハー Schleiermacher, F. D. E.　13, 15, 16, 25, 48, 72, 74, 75, 76, 77, 78, 79, 80, 81, 82, 83, 84, 85, 86, 87, 88, 89, 90, 91, 92, 93, 94, 95, 96, 97, 98, 100, 104, 108, 109, 110, 112, 128, 129, 132, 154, 155, 169, 172, 173, 174, 175, 177, 180　→神学思惟
　　――批判（ブルンナーによる）　77, 78, 79, 80, 81, 174
『クリスマスの祝い』　77, 82, 87, 90
『宗教論』　77, 82, 87
『神学通論』　77, 108
『信仰論』　77, 82, 83, 87, 91, 94, 128
『説教集』　87
シュレスヴィヒ・ホルシュタイン　61
シュレンマー Schlemmer, H.　61
ショルツ Scholz, H.　80, 112
シラー Schiller, J. C. F. v.　60
試練の神論　136
神学思惟
　　アンセルムスの――　119, 125, 128
　　エキュメニカルな――　17, 178
　　宗教改革者の――　31, 86
　　自由主義神学者の――　65
　　シュライアマハーの――　16, 72, 76, 86,

88, 90, 91, 92, 93, 95, 96, 97, 98, 104, 109,
　　　110
　　ティリッヒの—— 71
　　ドルナーの—— 26
　　トレルチの—— 15
　　バルトの—— 14, 15, 16, 17, 20, 21, 22,
　　　23, 27, 28, 29, 30, 31, 34, 35, 40, 65, 71, 75,
　　　78, 92, 93, 99, 101, 103, 108, 109, 110, 113,
　　　125, 126, 127, 128, 131, 132, 135, 137, 139,
　　　140, 142, 148, 149, 150, 153, 154, 156, 158,
　　　161, 163, 166, 169, 172, 173, 174, 175, 177,
　　　178, 179, 180, 181
　　ハルナックの—— 21
　　ヒルシュの—— 71
　　ラクーニャの—— 137
神学的表現主義 37, 106
神学的方法論 35, 36
　　アンセルムスの—— 126
　　バルトの—— 33, 37, 38, 39
進化論 55
箴言 144, 146
神秘主義 77, 78, 79, 80, 133
新プロテスタント主義 14, 42, 52, 53, 54,
　　　55, 56, 57, 58, 59, 60, 62, 63, 64, 66, 67, 79
　　大学における—— 53, 57
申命記 143
真理 82, 83, 116, 119, 120, 123, 124, 138,
　　　140, 141, 156, 157, 160, 161
　　あなたの—— 157
　　神ノ——ノ循環 136, 156
　　最高—— 116, 118, 119, 120
　　最高——ノ正直 120
　　宗教改革的—— 81
　　神的—— 26, 130
　　——の国 132
　　——ノ断片 102
　　わたしの—— 157
スコットランド信条 162, 165
政治的神奉仕 162, 163, 165

政治的自由主義 58, 59, 70
聖書 10, 12, 13, 17, 28, 30, 31, 35, 60, 80, 87,
　　　101, 102, 104, 105, 114, 115, 126, 128, 129,
　　　130, 131, 132, 134, 140, 143, 144, 145, 147,
　　　148, 150, 151, 155, 157, 163, 164, 165, 166,
　　　168, 169, 176, 177, 178
正直（せいちょく，rectitudo） 119, 120,
　　　121
　　意志の—— 120, 121
正統主義 46, 47, 54, 57
正統主義的プロテスタント主義 46
世界教会（主義）→エキュメニズム
ゼル Sell, K. 58
創世記 145

タ行

第一次世界大戦 21, 35, 37, 46, 52, 58, 59,
　　　63, 69, 71, 100, 173
第一の方向転換 99, 100, 101, 102
大学の神学，大学の神学者 52, 53, 54, 57,
　　　61, 62
第二次世界大戦 15, 21, 35, 37, 46, 52, 58,
　　　59, 61, 63, 69, 71, 99, 100, 110, 172, 173
第二の方向転換 99, 102, 103, 105
楕円 74, 75, 88, 90, 95, 109, 174
高倉徳太郎 10, 11, 12
　『福音的基督教』 10
高橋英夫 82
滝沢克己 12, 13
脱キリスト教化 55
知解 114, 115, 116, 117, 118, 121, 124, 125,
　　　126
父，御子，聖霊 27, 30, 131, 134, 137, 138,
　　　139, 151
ティーリケ Thielicke, H. 160, 180
ディトマルシェン 61
ティリッヒ Tillich, P. 61, 71, 72
　　→神学思惟
デカルト Descartes, R. 117

索　引

テート Tödt, H. E.　15, 70
テュービンゲン大学　24
寺園喜基　14, 98, 99, 104, 106
デンカー Denker, J.　146, 147, 148, 149, 156
　『言はメシア的な人となった』　146
テンニエス Tönnies, Ferdinand　61
ドイツ教会　42
ドイツ語圏神学　12, 66, 109, 157, 172, 175
ドイツ的キリスト者　61, 71, 110
ドイツ・プロテスタント協会　43, 44, 45, 46, 47, 48, 49, 50, 51, 54, 61
ドイツ民主党　49, 61
同志社　10, 11, 12, 160, 180
トゥルナイゼン Thurneysen, E.　11
『時の間に』Zwischen den Zeiten　11, 77
ドストエフスキー Dostoyevsky, F. M.　100
トールック Tholuck, F. A.　34
ドルナー Dorner, I. A.　24, 25, 26, 27, 137, 176, 177　→神学思惟
　『キリスト教信仰論の構造』　25
トレルチ Troeltsch, E.　15, 16, 23, 43, 45, 49, 50, 51, 52, 54, 55, 56, 58, 64, 67
　→神学思惟

ナ行

ナイアガラの滝　81
ナチ，ナチス，ナチズム　15, 16, 71, 110, 164, 165, 172, 173, 177
ニケア・コンスタンティノポリス信条　114
西田幾多郎　12
西谷幸介　15, 16
二重のプロテスタント主義　46
20世紀プロテスタント主義神学界　50
ニュールンベルク　59
人間性の宗教　58
人間の身体性　104
『ノリス』Noris　59, 60

ハ行

ハイム Haym, R.　53
ハウスラート Hausrath, A.　48
ハウスワー Hausware, R. A.　33
バウムガルテン Baumgarten, O.　48, 49, 50, 51, 64
パウリ Pauli, A.　59
バウル Baur, F. C.　34
パウロ　80, 132, 157
バーゼル大学　164, 172
パネンベルク Pannenberg, W.　14, 23, 24, 25, 26, 27, 28, 29, 31
　──のバルト理解　24, 28, 31
　『ドイツにおける近代神学の問題史』　24
濱崎雅孝　24, 82, 90, 91, 94
バルタザール Balthasar, H. U. v.　14, 31, 32, 33, 34, 35, 36, 37, 38, 39, 40, 103, 159, 160
　『カール・バルト──その神学の容貌と解釈』　31
バルト Barth, K.　→神学思惟
　後期バルト神学　16, 38, 179
　初期神学思惟　34, 35
　初期バルト神学　31, 36, 39
　『神認識と神奉仕』　162
　『神の人間性』　16, 98, 100, 104, 109, 110, 172
　『教会教義学』　12, 13, 15, 16, 17, 20, 21, 22, 23, 25, 27, 28, 29, 30, 31, 38, 39, 42, 74, 76, 96, 97, 98, 108, 110, 112, 113, 118, 125, 126, 127, 128, 129, 131, 132, 134, 135, 136, 137, 138, 139, 141, 144, 145, 146, 147, 149, 153, 154, 155, 156, 158, 161, 163, 167, 168, 169, 172, 174, 175, 176, 179, 180
　「神の言葉論」　23, 28, 76, 96, 113, 125, 127, 129, 131, 169
　「神論」　16, 17, 23, 26, 40, 110, 129, 135, 136, 146, 158, 167, 169, 172, 175, 179, 180
　「創造論」　16, 23, 135, 179

「和解論」 16, 23, 74, 135
『十九世紀のプロテスタント神学』 24, 30, 34, 81, 93, 108, 129
『知解を求める信仰』 16, 17, 39, 112, 113, 114, 115, 116, 117, 118, 121, 122, 156, 158, 175
『フランスへの手紙』 164
『ブルンナーのシュライアマハー論』 77
『ローマ書』 12, 13, 20, 31, 34, 35, 37, 38, 39, 60, 99
バルト（神学）受容，日本における 10, 11, 12, 14, 74, 172, 173
ハルトマン Hartmann, E. v. 68
ハルナック Harnack, A. v. 12, 20, 21, 50, 59, 99, 101, 109 →神学思惟
光の友 53
秘義 14, 16, 17, 29, 32, 42, 110, 127, 128, 129, 131, 132, 135, 136, 140, 142, 143, 145, 146, 149, 151, 152, 154, 155, 156, 168, 172, 173, 174, 175, 179
ビーダーマン Biedermann, A. E. 48
否定的プロテスタント主義 46
ビルクナー Birkner, H.-J. 44, 45, 53
『新プロテスタント主義について』 53
ヒルシュ Hirsch, E. 71, 72, 165, 172, 173 →神学思惟
フィットボーゲン Fittbogen, G. 53
『新プロテスタント主義の信仰──宗教的危機の克服のために』 53
フォード Ford, D. 23, 162
深井智朗 14, 15, 43, 45, 49, 53, 54, 64, 69, 82, 108
『十九世紀のドイツ・プロテスタンティズム──ヴィルヘルム帝政期における神学の社会的機能についての研究』 15
フーガの技法を用いた楽曲 30
福音主義教会 44, 130, 164
『福音主義教会新報』 Neue Evangelische Kirchenzeitung 69

福音主義神学 99
服従 136, 150, 152, 154, 155, 157, 161
プシュヴァラ Przywara, E. 33
復古的プロテスタント主義 46
ブッシュ Busch, E. 11, 35, 112, 113, 165
プフライデラー Pfleiderer, O. 44
プラトン 31, 32, 34, 80
古田暁 114, 115, 116, 119
ブルトマン Bultmann, R. 12, 61
ブルームハルト父子 Blumhardt J. C./C.F. 100
ブルンナー Brunnner, E. 10, 11, 77, 78, 79, 80, 81, 109, 160, 174
『神秘主義と言葉──シュライアマハーの神学におけるキリスト教信仰と近代宗教理解の対立』 77
プロテスタントの友 53
文化プロテスタント主義 14, 42, 43, 44, 46, 47, 48, 49, 50, 52, 59, 60, 61, 62, 63, 64, 65, 66, 67, 68, 69, 70, 71, 72, 104, 107, 109
フンツィンガー Hunzinger, A. W. 59
ヘーゲル Hegel, G. W. F. 24, 34, 35
『精神現象学』 34
──主義 34
ベッツェル Bezzel, H. 59
ベルグリ 11
ペールマン Pöhlmann, H. 59, 60, 110
ヘルマン Herrmann, W. 109
ベルリン大学 24
弁護者 163, 165, 168, 169, 179,
弁証法神学，弁証法神学者 10, 11, 12, 13, 24, 35, 50, 61, 64, 65, 66, 71, 81, 109, 112, 161, 172, 173
ホフマン Hoffmann, H. 58
ホル Hol, K.l 173
ホルツハウゼン Holzhausen, F. A. 46
ホルツマン Holtzmann, H. J. 48
ボン大学 12, 24, 112, 164, 172

マ行

マウレンブレッヒャー Maurenbrecher, M.　59, 60
松井睦　82
松見俊　175
マールハイネケ Marheineke, P. K.　34
水谷誠　45, 180
宮田光雄　15, 70
ミュンスター教会，バーゼル　16, 163
ミュンスター大学　112
メランヒトン Melanchthon, P.　24, 127
モーツァルト Mozart, W. A.　30
モルトマン Moltmann, J.　179
モルナー Molnar, P. D.　137

ヤ行

安酸敏眞　15, 24, 43, 45, 49, 53, 54, 64, 69, 82, 90, 91, 94
山崎和明　15, 70
ユンゲル Jüngel, E.　151
吉永正義　12, 21, 22, 27, 28, 30, 31, 42, 63, 76, 97, 112, 114, 115, 116, 117, 122, 126, 128, 131, 132, 136, 137, 138, 141, 144, 145, 147, 149, 153, 154, 155, 156, 158, 159, 161, 175, 176
ヨハネによる福音書　146, 147, 148, 155, 157, 163, 164, 165, 167, 168

ラ行

ライプニッツ Leibniz, G. W.　117
ラガーツ Ragaz, L.　35, 100
ラクーニャ LaCugna, C. M.　137
　→神学思惟
ラーデ Rade, M.　48, 49, 50, 51
リッチュル Ritschl, A.　51
リッテルマイヤー Rittelmeyer, F.　59
リプジウス Lipsius, R. A.　44, 48
類比　33, 39, 137, 153, 157, 158, 159, 160, 161, 179
　関係――　179
　信仰――　158, 159, 160, 161, 179
　存在――　158, 159, 160
ルター Luther, M.　80, 132, 164
連帯責任 Solidarität　21
レンバート Lembert, H.　54
ロスト Rost, G.　56
ローテ Rothe, R　44, 52
ローマ信条　114
ロマン主義神学　13

［著者］

稲山聖修（いなやま・きよのぶ）

1969年、東京都に生まれる。1995年、同志社大学神学部大学院神学研究科博士課程前期修了。日本基督教団向日町教会担任教師、鳳教会主任担任教師、梅花女子大学・梅花女子大学短期大学部宗教主事を経て、現在、日本基督教団泉北ニュータウン教会主任担任教師、（福）地球の園こひつじ保育園理事長、同志社女子大学嘱託講師、梅花女子大学非常勤講師。日本基督教学会会員。

編集・DTP制作　山﨑博之
装丁　長尾　優

カール・バルトにおける神論研究
―― 神の愛の秘義をめぐる考察

2017年3月1日　第1版第1刷発行　　　　　　　　©2017

著者　稲　山　聖　修
発行所　キリスト新聞社出版事業課
〒162-0814 東京都新宿区新小川町9-1
電話 03 (5579) 2432
URL. http://www.kirishin.com
E-Mail. support@kirishin.com
印刷所　モリモト印刷株式会社

ISBN 978-4-87395-716-6　C0016（日キ販）　　Printed in Japan